창의성의 기술

창의성의

Technology of creativity

기술

송용원·강승현·겐나디 이바노프·김경모 지음

씨네스트

창의성은 과학이다

"창의성은 부모로부터 물려받는 유전적 요소인가? 아니면 누구나 교육을 통해 얻을 수 있는 후천적 특성인가? 나는 창의적인 사람이 될 수 있을까?"

이는 창의성을 강조하는 현대사회에서 우리가 던져야 하는 핵심적 질문이다. 이 책은 창의적 사고는 누구나 배울 수 있고, 누구나 창의적 삶을 살아갈수 있다는 것을 보여주기 위해 쓰여졌다.

세상은 정보통신 기술 혁명이 계속되며 빠른 속도로 변화되고 있다. 지식이 정보가 되어 인터넷 가상공간에 차곡차곡 축척 되어 누구나 쉽게 언제 어디서든 활용할 수 있다. 더 이상 머릿속에 복잡한 내용들을 암기하여 저장해 둘 필요가 없어졌다. 지식이 세상에 넘쳐나 누구나 쉽게 활용할 수 있는 현대 사회에서 우리에게 필요한 중요한 특성은 지식을 효율적으로 이용하여 필요한 결과를 만들어 내게 하는 사고 능력, 창의성이다. 지식 정보화, IT 혁명이 진행되는 현대 사회에서 창의성의 중요성은 아무리 강조해도 지나치지 않다. 사회의 흐름에 따라 교육기관에서는 창의적 인재를 양성하기 위해 노력을 하고 있다. 하지만 어떻게 창의성을 가르칠 수 있을까? 어떤 프로그램을 가지고 창의적 사고를 가르칠 것인가?

러시아에서 창의성에 대한 질문에 다음과 같이 대답한 발명가가 있었다. "창의성은 과학이다.", "창의성은 배울 수 있고 그 방법을 배우면 누구나 창의적이 될 수 있다." 그는 자신의 주장을 과학적으로 접근해 많은 연구와 노력 끝에 창의적으로 문제를 해결하거나 창의적인 생각을 만들어 내는 방법을 만들었다. 그 이론의 이름은 트리즈^{TRIZ}라고 불린다.

이 책은 트리즈 이론을 기반으로 창의적으로 문제를 해결하는 방법을 누구나 쉽게 이해하고 배울 수 있도록 쓰여졌다. 트리즈 이론에서 창의성이란 기존에 존재하는 지식을 활용하여 새로운 아이디어를 만들어 내는 과정으로 지극히 논리적이고 과학적인 사고 능력으로 이해한다. 과학적 창의성이란 단순히 경험이나 지식에 근거하여 번쩍 떠오르는 인사이트^{insight}적인 아이디어가 아니라 한 단계 한 단계 알고리즘^{algorithm}적 사고를 통해 체계적으로 아이디어를 만들어 내는 능력이다. 이러한 시스템적 사고를 배우게 되면 누구나 자신의 지식을 기반으로 창의적 능력을 높일 수 있다.

이론이란 현장에 적용하여 검증되어야 인정받을 수 있다. 저자는 창의성이 과학이고 누구나 배울 수 있다는 알츠슐러의 대단한 주장에 매료되어 트리즈 이론을 공부하게 되었다. 이론을 공부하며 첫째, 본인 스스로 사고의 논리성과 창의성이 향상되는 것을 경험하게 되었다. 한국의 대표적인 연구소에 근무할 때나 현재 공과대학 교수로 있으면서 다양한 기술 문제를 가지고 도움을 요청하는 기업을 만나게 되었다. 하지만 창의적 사고 방법을 알기 전, 내가 알고 있는 지식과 경험으로 기업이 고민하고 있는 다양한 실제 문제를 해결해 주기는 쉽지 않았다. 하지만 지금은 트리즈 방법론을 활용하여 문제를 체계적으로 분석하여 창의적인 해결안을 만들어 내며 기업을 도와주고 있다. 둘째, 대학에서 창의적 사고 방법을 가르치며 학생들이 창의적으로 문제를 해결하는 능력이 향상되는 것을 목격하고 있다. 현재 대부분의 교육기관에서는 교육이 "지식과 경험을 전달하는 것"으로 진행되고 있다. 지식은 창의성을 위해 필요한 중요 요소이지만 그것만으로는 충분하지 않다. 또 하나의 중요한 요소는 창의적으로 생각하는 방법이다. 창의적으로 사고하고 아이디어를 만들어 내는 사고기법을 가르치는 것은 매우 중요하다. 실제 교육현장에서 창의적 사고 기법 강의를 통해 변화되는 학생들의 모습을 보며 "창의성은 과학이고, 누구나 창의적이 될 수 있다."라는 알츠슐러의 말을 경험하고 있다. 셋째, 기업의 엔지니어 교육 및 기술문제 컨설팅을 통해 기존의 방법으로 해결하지 못한 문제를 혁신적으로 해결해 가며 창의적 문제해결 이론을 실증적으로 검증하고 있다. 산업현장에는 교과서적 지식만으로 접근해서 해결하기 힘든 다양한 문제들로 가득 차 있다. 창의적 사고 방법을 배우지 못하면 지식과 경험에 근거해 머리에 떠오르는 아이디어에 의존하던가, 이렇게 저렇게 시도해 보는 시행착오적 접근을 할 수밖에 없다. 하지만 시행착오적 접근이나 인사이트적 접근은 다양한 산업현장의 문제를 해결하는데 한계를 가지고 있다. 기존의 방법으로 해결하지 못한 문제를 트리즈 교육이나 컨설팅을 통해 각 현장 상황에 맞추어 분석하고 알고리즘적인 사고방법으로 산업현장의 문제를 혁신적으로 해결해 나가는 과정을 통해 트리즈 이론의 실제 능력을 검증할 수 있었다. 트리즈는 현재 삼성, LG, POSCO를 비롯한 대기업 및 많은 중소기업들의 혁신 기법으로 활용되고 확산되어 가고 있다. 산업 현장에서 그 가치를 인정받고 있다는 것이다.

이 책은 창의적 사고를 위해 필요한 중요한 4가지 핵심 내용을 담고 있다: 창의성의 첫 번째 열쇠-시스템적으로 사고하라, 창의성의 두 번째 열쇠-모든 자원을 활용하라, 창의성의 세 번째 열쇠-문제가 스스로 해결되도록 하라, 창의성의 네 번째 열쇠-모순해결의 원리를 이용하라. 각 장마다 다양한 사례를 제시하여 독자들이 핵심 개념을 쉽게 이해하도록 노력하였다. 이 책은 여러 사람의 도움으로 씌어지게 되었다. 무엇보다도 창의적 문제해결 이론(트리즈)을 개발하는데 참여했으며 저자들의 스승이신 겐나디 이바노프[G. Ivanov] 선생님의 도움이 있었기에 이 책이 만들어지게 되었다. 창의성의 방법, 시스템적 사고, 이상성 부분은 창의성 교육에 관심을 가지고 함께 트리즈 이론을 연구하는 강승현 박사가 정리하였으며, 전반적인 내용의 수정과 보완은 금오공대 김경모 교수님의 도움을 받았다.

이 책을 완성해 나가며 저자의 마음속엔 일생 이 이론을 개발하기 위해 노력한 알츠슐러 선생님께 대한 감사의 마음과 그의 주장이 나의 고백이 되어가고 있었다.

"창의성은 과학이다.", "누구나 창의적이 될 수 있다."

한국산업기술대학교 트리즈혁신연구소

송용원

차례

1장

창의성의 방법론, 창의성의 기술

1. 창의성이 필요하다

1) 고전적인 문제해결방법 – 시행착오

창의성, 창의적 인재에 대한 요구

지금 우리 사회는 과감한 패러다임의 전환을 의미하는 창조 경제가 곧 우리의 미래임을 한 목소리로 외치고 있다. 정부에서는 "지금은 상상력과 창의성이 곧 경쟁력이 되는 시대"임을 강조하며, 창조경제의 생태계 조성을 국정의 최우선 과제로 삼고 있다. 그리고 이 과제의 중요한 전략 중 그 첫 번째가 "창의적 아이디어와 인재가 넘쳐나는 대한민국"이다. 대한상공회의소가 조사한 2013년 현재 우리나라 100대 기업이 원하는 인재상은 슈퍼맨(전문성^{Specality}, 창의성^{Unconventionality}, 도전정신^{Pioneer}, 도덕성^{Ethicality}, 주인의식^{Responsibility})이다. KT의 CEO는 고졸신입사원 오리엔테이션에 참석하여 "화려한 스팩보다 열정과 도전을 갖춘 창의적 인재를 원한다"고 강조했다. 삼성의 변화와 발전을 연구해 온 학자들은 "관리의 삼성"

시기와 "전략의 삼성" 시기를 지나 이제 "창의의 삼성"시대로 진입했으며, 인사 원칙도 창조인재 우대와 창조적 성과주의의 3.0시대로 발전했다고 분석했다.

대학도 창의적 인재 육성에 고심하고 있다. 2013년 새 정부의 첫 교육부 장관이 국공립 대학 총장들과의 첫 만남 자리에서 "창의적 인재를 어떻게 길러낼 수 있을지 대학이 치열하게 고민하고 실현 방법을 모색해야 한다"고 주문했다. 초중고 교육 현장에서는 2013년부터 창의적 인재 양성 목표의 창의 융합 교육 (STEAM 교육, 즉 과학, 공학, 기술, 예술, 수학을 연계하여 통합적으로 사고하며, 첨단과학기술과 실생활 모두에 밀착한 교육)이 본격적으로 실행되고 있다. 기존의 입시 위주의 교육에서 탈피하여 창의적 사고력과 문제해결 능력 향상을 목표로 하는 교육선진화 방안이 수학 교육을 필두로 교육 현장에서 적용되기 시작한 것이다.

이제 우리는 정부와 기업, 학교 등 사회 전방위에서 '창의적 인재'에 대한 요구와 도대체 '창의적 인재'를 어떻게 양성할 것인가, 어떻게 확보할 것인가라는 과제에 직면하고 있다.

도대체 어떤 인재를 창의적인 인재라고 할 수 있을까? 우리가 지금 애타게 찾고 있고, 만들어 내기 위해 애쓰고 있는 창의적인 인재는 어떤 능력을 갖춘 인재인 것일까? 보다 더 중요한 질문을 하자면, 창의적인 인재란 대체 만들어질 수 있는 것인가? 다시 말하면 창의성이란 배울 수 있는 것인가?

창의적인 인재란 무엇이다라고 정의를 내리기 전에, 먼저 창의적으로 문제를 해결한다는 것은 어떤 의미인지부터 살펴 보고자 한다. 창의적인 인재가 갖추어야 할 기본 성질에는 도전 정신, 열정, 호기심 등 여러 가지가 있겠지만, 무엇보다 문제와 문제해결에 대해 무엇인가 다르게 접근하여, 완전히 다른 결과물을 보여주는 것이 창의적 인재의 중요한 지표가 된다는 것에는 대부분 이견이 없을 것이다.

나는 문제를 어떻게 해결하는가?

그렇다면 창의적으로 문제를 해결한다는 것은 어떻게 문제를 해결한다는 것인가? 먼저 우리들 스스로 일반적으로 어떻게 문제를 해결하고 있는지 한번 생각해 보는 것으로 시작해 보자. 독자들 가운데 최근 어떤 문제에 직면해서 어렵게 그 문제를 해결했다거나, 아니면 지금 복잡하고 어려운 문제 때문에 골치가 아픈 분들이 있다면, 일단 이 책을 덮고, 내가 그 문제를 어떻게 해결했던가, 혹은 지금 어떻게 해결하고 있는가?에 대해 한번 정리의 시간을 가져 보기를 권한다. 그리고 다음의 사례를 보고, 사례에 나타난 문제를 해결하기 위해 고군분투했던 현장의 엔지니어, 과학자들의 방법과 자신이 문제를 해결하는 방법에 어떤 공통점이나 차이점이 있는지 한번 비교해 보기를 바란다.

사례 1 – 열처리 중 발생한 검은 연기를 제거하라

러시아 시베리아 지방의 이르쿠츠크 시 소재 공장에서 실제 발생한 문제이다. 이 공장의 주요 작업은 금속을 열처리하여 강도를 높이는 것이다. 금속의 강도를 높이기 위해 고온으로 열처리를 한 뒤 오일 속에 집어넣어 급랭하여 열처리 과정을 진행한다. 이곳에서 열처리로 취급하는 부품은 주로 중소형 메탈 제품으로, 상당히 좋은 품질의 제품을 만들어 내는 회사였다.

그런데 이 회사에 대형 국책 프로젝트를 수주할 기회가 생겼다. 러시아의 대형 군수업체와 탱크에 사용될 대형 부품의 열처리 계약에 대한 상담이 시작되었고,

곧 샘플 수주를 받게 되었다. 샘플 처리를 통해 그 품질을 인정받게 되면 전량 수주를 받게 되는 대형 사업이었다. 그리고 이 회사는 기존의 라인에서 곧바로 샘플 처리를 시작했다. 아래 그림은 이 공장의 열처리 작업라인과 작업과정을 알기 쉽게 보여주기 위해 주 공정을 간단하게 표시한 것이다.

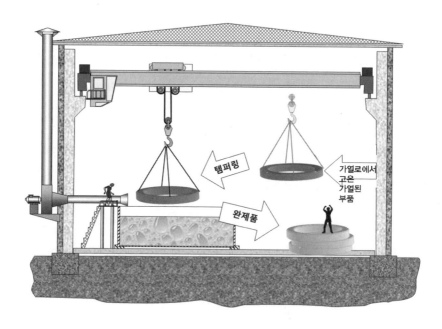

열처리 공장의 작업 라인과 작업 순서

그런데 예상치 못한 문제가 갑자기 발생했다. 중소형 부품의 열처리 때와는 비교가 되지 않을 정도로 엄청나게 많은 양의 검은 연기가 치솟아 작업장을 검게 덮어버린 것이다. 그 양이 엄청나서 이제까지 사용하던 환기 시스템으로는 연기가 제거 되지 않았다. 이 검은 연기 때문에 작업자들이 도저히 작업을 할 수 없는 상황이 되었다. 일단 호흡도 곤란했고, 무엇보다 부품의 이동과 하강을 조정하고

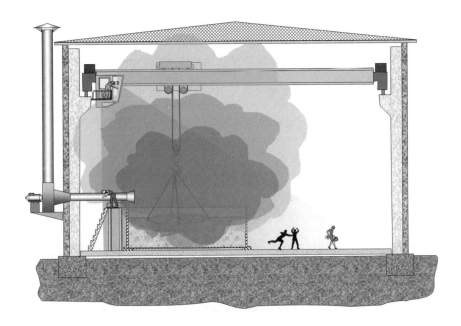

문제의 발생
치솟는 검은 연기 때문에 작업을 할 수가 없다!

오일 욕조 안의 처리 과정을 관찰해야 할 크레인 기사와 작업자가 연기 때문에 제대로 작업을 할 수가 없었다.

회사의 경영진은 바로 이 문제를 해결해야 했다. 고민 끝에 연기가 빨리 공장에서 빠져나가도록 환기장치를 더 설치했다. 그러자 어느 정도 검은 연기는 제거되었지만 다른 문제가 발생했다. 추가로 설치된 환기 파이프로 열처리 후 부품 운송 경로에 큰 장애가 생겨 결과적으로 생산성이 크게 떨어졌다.

회사의 미래를 바꿀 초대형 프로젝트를 앞에 두고 큰 고민에 빠진 경영진은 어떻게 하던지 문제를 해결해야만 했고 공장의 엔지니어들은 밤새 회의와 해결안을 찾고자 고민했다. 회의 도중 뜨겁게 가열된 메탈이 오일에 닿는 시간을 최대한 줄이면 검은 연기가 많이 나지 않을 것이라는 아이디어가 나왔다. 이 아이디어에 따라 가열로에서 뜨겁게 가열한 부품을 빠른 속도로 오일 속으로 담그면 연기가 적게 발생할 것이라고 판단하고 부품의 하강 속도를 최대한 높이기로 했다. 그래서 오일을 담그는 욕조의 높이를 높여서 오일이 밖으로 넘쳐 흐르지 않도록 설치한 후, 빠른 속도로 부품을 하강시켜 열처리를 하였다. 검은 연기 발생량이 감소는 되었지만 몇 번의 작업 중에 심각한 문제가 발생했다. 무거운 부품을 빠른 속도로 하강하여 급제동을 하는 과정에서 발생하는 큰 관성으로 인해 크레인의 브레이크가 무게를 견디지 못했다. 결국 브레이크가 제대로 제동을 하지 못해 금속 부품이 오일 욕조 바닥에 그대로 떨어져 욕조가 깨지고 오일이 외부로 흘러나오는 대형 사고가 발생했다.

엔지니어들은 밤새 깨진 욕조의 바닥을 용접으로 수리하고 문제가 되었던 크레인의 브레이크 장비를 강력한 것으로 교체했다. 이제 문제는 해결된 것일까?

처음 몇 번의 작업은 순조롭게 진행되었다. 그런데 최적화 조건을 찾기 위해 여러 가지 조건에서 실험을 하는 도중 예상치 못한 문제가 또 발생했다. 처음 설계와는 달리 엄청나게 무거워진 브레이크 장비와 무거운 금속이 빠른 속도로 내려오다 급제동이 될 때 발생하는 큰 관성 때문에 크레인이 지나가는 레일 보가 휘어지는 현상을 발견한 것이다. 회사에서는 바로 이 레일 보를 더 단단한 것으로 교체하는 작업을 지시했다. 그럼 문제는 완전히 해결된 것일까?

며칠 뒤 현장 작업자들이 크레인 레일 보가 하중을 견디지 못하고 지지하고 있던 공장 벽에 금이 가 있는 것을 발견했다. 설계 당시에 미처 예상하지 못했던 무게와 충격 때문에 무리가 생긴 것이다. 이제 이 회사의 경영진과 엔지니어들이 취할 수 있는 방법은 무엇일까? 결국 공장의 건물 자체까지 문제가 발생하자, 전문가들을 불러서 무게와 충격을 견딜 수 있도록 건물을 변경가능한지 알아보았다.

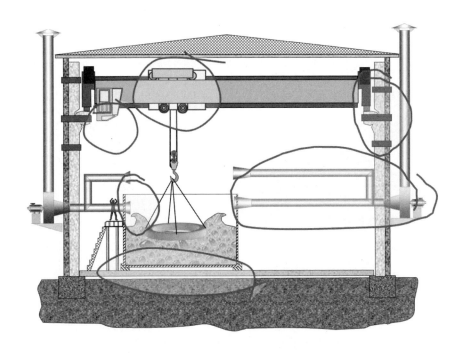

검은 연기를 제거하기 위해 시도된 개선 작업들과 그로 인한 문제점들

조사 결과 더 단단하게 보강을 할 수는 있으나, 비용이 많이 들어가는 대형 투자가 요구 되었다.

이 회사는 문제해결을 위해 이런 저런 시도를 하였지만 만족할 만한 결과를 얻지 못한 채 많은 시간을 낭비했고 경제적 손실을 치렀다.

사례 2 – 달에서 사용할 깨지지 않는 전구를 개발하라

1960년대 소련 우주기술 개발 당시의 사례이다. 당시 소련은 달 탐사 프로젝트를 미국과 경쟁적으로 진행하고 있었는데, 이 프로젝트의 일환으로 달의 표면을 탐사하는 목적의 달 탐사선 루나 16(러시아어로 달이라는 의미)을 발사할 계획을 추진했다. 루나 16의 임무는 달에 착륙해서 달 표면을 관찰하고 정보를 지구로 보내는 것이었다. 이를 위해 어두운 달 표면을 밝게 비출 전구 및 영상 장비를 설치했다. 모든 준비가 완료되어 최종 점검을 하는 과정에서 한 가지 문제가 발생했다. 그것은 전구가 깨질 수 있다는 문제였다. 시뮬레이션 결과 우주선이 발사될 때의 충격과 달에 착륙할 때 발생하는 진동으로 전구의 유리가 깨져 버리는 것이었다.

  프로젝트 책임자는 뛰어난 학자들로 구성된 팀을 만들어 충격에 견딜 수 있는 깨지지 않는 전구를 개발하도록 과제를 주었다. 지식과 경험이 많은 학자들은 즉시 실험 계획을 세워 다양한 열처리 방법과 유리의 조성을 바꾸는 실험을 하였다. 그런데 시간에 쫓기면서 시도한 다양한 실험들이 만족할 만한 결과를 주지 못하였으며 충격에 강한 전구를 개발하는 문제를 쉽게 해결할 수 없었다(현재는 기술이

달 탐사를 위한 깨지지 않는 전구를 어떻게 만들어 낼 것인가?

발전하여 강화유리로 충격에 강한 전구를 만드는 것이 쉽지만 당시에는 어려운 과제였다).

발사시간이 얼마 남지 않아 급한 대로 당시에는 가장 강한 유리로 만들어졌던 탱크에서 사용된 전구를 실험해 보았다. 이 전구는 일단 진동과 충격에는 강했지만 너무 무거웠다. 따라서 우주선에는 사용할 수 없었다. 어떻게 할 것인가?

지식과 경험의 틀 안에서 방향을 잃고 방황하다 – 시행착오

사례 1과 사례 2의 문제는 그리 어려운 문제가 아니었지만 엔지니어들과 과학자들은 이 문제를 쉽게 해결하지 못했다. 일단 이 사례의 결말을 미리 말하자면 이 두 사례 모두 창의적인 관점에서 문제를 본 제3자의 조언으로 간단히 해결되었다. 러시아 열처리 회사는 큰 비용을 들이지 않고 납품에 성공했으며, 달 탐사선 루나 16호는 무사히 달 탐사 임무를 수행했다.

아마도 이 어려운 문제를 어떻게 해결했는지 그 답이 궁금할 것이다. 하지만 그 답을 보기 전에, 먼저 이 문제를 해결하기까지의 과정에 대해 한번 생각해 볼 것을 권한다(이 책의 시스템적 사고 부분에서 이 사례들의 해결안을 다룰 것이다). 결론적으로 말하자면 이 문제의 해결이 어려웠던 것은 엔지니어들과 과학자들의 지식이나 기술이 부족했기 때문이 아니었다. 문제를 해결하기 어려웠던 것은 문제를 접근하는 방법, 문제를 해결하는 방법이 효과적이지 못했기 때문이다. 위 사례의 해결안을 알게 된다면 독자 여러분들도 이 의견에 동의할 것이다.

두 사례에서 엔지니어들과 과학자들은 어떤 방식으로 문제를 해결하려 했는가? 자신의 지식과 경험을 바탕으로 아이디어를 내고, 실험을 통해 검증해 보고,

만약 되지 않으면 또 다른 방향의 아이디어를 생각해 내서 다시 실험 검증을 하는 이른바 시행착오$^{trial\ and\ error}$의 방법으로 문제를 해결하고자 했다. 그리고 이 시행착오 방법이야말로 현재에도 일반적으로 우리가 문제를 해결하는 방식이다. 기업 현장에서도 이런 방식으로 문제 해결의 실마리를 찾는 것이 대다수이다.

시행착오 방법은 인류 역사만큼 오래된 방법이며, 그만큼 우리에게 익숙한 방법이다. 또 이 방법으로 인류는 무수히 많은 발전과 발명의 업적을 쌓을 수 있었다. 대표적인 예로 에디슨은 필라멘트를 발명하기 위해 1만 번의 실험을 했으며, 알칼리 전지를 만들기 위해 4만 번의 실험을 진행했다. 이런 엄청난 실험이 필요했기에 이 실험을 도와 줄 사람들이 필요했으며, 그것이 근대 연구소의 시초가 되었다.

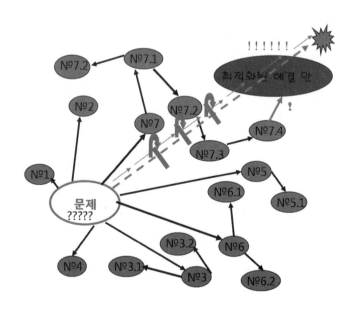

우리가 일반적으로 문제를 해결하는 방법 – 시행착오법

문제를 해결하기 위해 많은 노력과 땀이 필요한 것은 맞는 말이다. 성공의 열쇠는 99%의 노력이란 에디슨의 말은 현재에도 그 의미가 절대로 퇴색되지 않는다. 다만 갈수록 복잡해지고 여러 가지 다양한 분야가 융합되어 발전해 가는 현대 사회에서 문제도 점점 복잡해지면서 시행착오의 수도 많아지고 그 문제해결 기간도 길어질 수밖에 없다. 기술의 발전이 과거와 비교할 수 없을 정도로 빠르게 진행되고 새로운 기술의 수요 주기가 짧아지게 되면서 시간과 비용이 많이 들어갈 수밖에 없는 시행착오법으로 문제를 해결하는 것은 한계를 갖게 되었다. 따라서 보다 빠르고 효과적으로 문제를 해결할 수 있는 방법을 찾아야 하는 필요성이 20세기 중반부터 본격적으로 대두되었다.

2) 창의성을 활성화해주는 방법들의 등장

시행착오의 한계를 극복하고 효율적인 문제해결 방법을 찾고자 하는 노력은 창의성에 대한 새로운 시각의 정립과 창의성을 발현시킬 수 있는 다양한 방법론의 연구*로 나타났다. 이런 창의기법은 이제까지 무수하게 많이 개발되어 왔으며, 현재까지 사용되고 있는 기법만도 50여종에 이르고 있다. 이 가운데 현재 기업이나 여러 직업 현장에서 창의성, 창의적 아이디어를 만들어내기 위한 방법들로 가장 많이 사용되고 있는 기법들로는 브레인스토밍Brain Storming, 여섯 색깔 생각의 모자Six Thinking Hats, 형태학적 분석Morphological Method, 초점대상방법Focal Object Method, 시네틱스Synectics, 이연작용Bisociation, 집단지성활용Collective Intelligence 등이 있다.

브레인 스토밍Brainstorming

1950년대 미국의 알렉스 오스본에 의해 제안된 기법으로, 가장 많이 알려진 기법이며, 많은 기업이나 조직에서 적극적으로 활용되고 있다. 이 기법의 주요

---

* 20세기 초중반까지 창의성은 개인의 탁월한 능력, 천재성이라는 생각이 지배했고, 따라서 창의성에 대한 체계적인 연구가 거의 이루어지지 않았다. 창의성에 대한 과학적 연구는 1950년대 심리학 분야에서 시작되었다. 미국의 심리학자였던 Gilford는 창의성이 소수의 천재적 재능이 아닌, 인간 누구나 가지고 있는 능력이라고 역설했다. 그는 인간 지능의 구조 모델을 제시하며, 이 가운데 확산적 사고가 창의성의 기본 사고 모델이라고 설명했다. 이후 이 확산적 사고 개념을 기반으로 다양한 창의개발방법론들이 만들어졌다(브레인스토밍, 시네틱스, 여섯 색깔 모자, 마인드맵 등). 이 후 20세기 후반에서 21세기 초에 이르러서는 창의성을 인지적 사고 방법론으로만 접근하는 것은 오히려 창의성에 대한 편협한 이해라는 비판과 함께 보다 거시적이며 통합적인 관점에서 창의성을 접근하는 연구들이 많이 이루어지고 있다. 창의성이란 혁신적이어야 하며(Amabile), 과제에 적절해야 한다(Sternberg, Kaufman 등). 창의성이란 독창적이거나 뛰어난 통찰력이 아닌 기존의 영역을 변화시키거나 기존의 영역으로부터 새로운 변형을 만드는 행위나 사고, 또는 작품으로 정의한다(Csikzentmihalyi). 현대에 들어서 창의성을 연구하는 전문가들은 대체적으로 창의성을 개인의 사고 개념에서 확장하여 인지적, 인성적, 사회문화적 요인들이 복합적으로 작용하여 발현되는 것이라고 정의하고 있다. 이들은 창의성이 내적 동기(열정과 개인의 노력), 인지능력(지식과 사고능력), 인성(개인의 성향), 환경(조직이나 사회, 문화의 영향) 등의 다원적 요소들의 관계에 의해 발현되는 것으로 보고 있다.

원칙은 타인의 아이디어를 절대 비판하거나 평가하지 않는다는 비판 금지이며, 단 시간 내 다량의 아이디어를 창출하고, 아무런 제한 없이 자유로운 아이디어, 엉뚱하고 비현실적인 아이디어까지도 모두 수용하며, 아이디어와 아이디어 간의 자유로운 결합을 통해 새로운 아이디어를 만들어 내라는 것이다.

아이디어를 만들어 내는 그룹과 그 아이디어를 평가하는 그룹으로 나눈 후, 아이디어를 제안하는 그룹에서 제한 없이 여러 가지 아이디어라도 모두 제안하도록 유도한다. 이때 아이디어를 제안하는 그룹에는 해당 문제와 전혀 관련 없는 비전문가들이 포함될 수 있다. 제안된 모든 아이디어를 기록한 후, 아이디어를 평가하는 그룹이 제안된 아이디어를 분석하여 해결책을 찾는다. 이때 전문가가 참가하면 효과적일 수 있다.

브레인스토밍을 변형시켜 보다 더 많은 아이디어를 만들어내기 위해 말이 아닌 글로 제안하게 하는 브레인라이팅^{Brainwriting}, 여러 사람들의 아이디어가 아닌 혼자만의 아이디어를 결합하여 생각을 전개시켜 나가면서 아이디어를 만들어내는 개인 브레인스토밍$^{Individual\ Brainstorming}$ 등이 있다. 특히 개인 브레인스토밍에서는 아이디어의 시작점을 중간으로 해서 생각이 방사형으로 가지를 치고 나가는 그림^{map}을 많이 사용한다.(영국의 심리학자인 토니 부잔이 고안한 아이디어 발상법인 마인드맵과 유사하다)

이 방법의 경우, 활용하기가 수월하며 진행에 그다지 많은 시간이 소요되지 않는다는 장점이 있는 반면, 만들어지는 아이디어들을 핵심이 되는 방향으로 이끌어주는 기준이 없다는 점, 해결방안이 될 수 있는 방향으로 이끌도록 아이디어 발생 프로세스를 컨트롤할 수 없다는 점, 다양한 아이디어를 만들어 내기 위해서는 구성원의 조합도 그 만큼 다양해야 하므로 구성원의 적절한 조합에도 어려움이 있다는 단점이 있다.

여섯 색깔 생각의 모자^{Six Thinking Hats}

에드워드 드 보노 박사가 제안한 방법으로, 브레인스토밍을 개선한 방법이라 할 수 있다. 브레인스토밍이 아이디어 발상에 있어 그 어떤 제안이나 방향성을 제시하지 않기 때문에 사고의 전개가 무질서하고 우연적으로 이루어진다는 점을 개선하여, 사고를 다양한 관점에서 체계적으로 전개시키며 그 과정에서 다양한 생각과 아이디어를 만들어 내게 한다.

여섯 가지 색깔의 모자는 각각 전개시켜 나가야 할 사고의 방향을 가리킨다. 참가자들은 진행자가 모자의 색깔을 지정하면 그 모자가 가리키는 내용으로 생각을 집중한다. 즉, 흰색의 모자는 중립적이고 객관적인 사실, 자료나 정보에 관련된 생각에 집중하라는 신호이다(필요한 정보는 무엇인가? 이 정보는 사실인가? 등). 붉은색 모자는 감정이나 느낌, 직관적 판단과 연관된 생각을 하도록 유도한다(아이디어에 대한 솔직한 감정이나 판단). 검은 색 모자는 부정적 판단이나 실패의 이유에 집중하도록 한다. 노란 색 모자는 긍정적이고 낙관적인 판단에 집중한다. 녹색 모자는 창의적 생각을 하도록 유도한다(다른 관점에서 생각하기, 대안 찾기 등). 파란 색 모자는 사고 과정을 관리하도록 유도한다(요약, 결론, 정리, 규율 등).

이 방법은 한 가지 사고에 매몰되지 않고 여섯 가지 측면에서 접근해서 사고하도록 유도하여 다각도로 바라볼 수 있도록 만들어준다.

초점대상방법 Focal Object Method

1920년대 독일의 심리학자 쿤체가 개발하고 1950년대 미국인 학자 찰스 바이팅이 개선, 보완한 방법이다. 이 방법은 임의로 선택한 물건의 특징을 개선하고자 하는 대상으로 전이하여 새로운 아이디어를 만들어 내는 것이다. 예를 들어, 새로운 의자에 대한 아이디어가 필요할 경우, 의자와는 아무런 관계가 없는 전구를 선택한 후, 전구가 가진 특성을 열거해 본다(예를 들어, 빛이 난다, 열이 난다, 유리로 되어 있다 등). 그 다음 이 특성들을 하나씩 의자에 대입, 결합시켜 새로운 아이디어를 생각해 본다. 만약 빛이 난다라는 특성을 결합시킨다면 빛이 나는 의자라는 아이디어가 나온다. 이와 같이 열이 나는 의자, 유리로 된 의자 등등의 새로운 아이디어가 나올 수 있다.

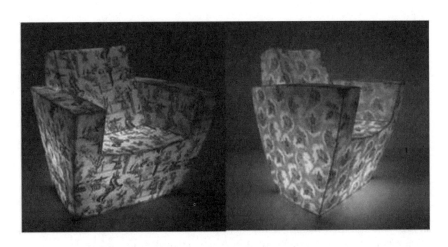

초점대상방법을 이용해 전구의 빛이 나는 성질과 의자를 결합하여 나온 아이디어
– 빛이 나는 의자. 인터넷에서 우연히 찾은 사진이다. 아마도 로맨틱한 공간이나 이벤트 장소,
혹은 공연장 같은 곳에서 사용한다면 좋지 않을까

이 방법의 장점은 심리적 관성이나 사고의 틀을 깨뜨리도록 도움을 주며, 전혀 생각하지 못했던 예상외의 결합을 만들어 낼 수 있다는 것이다.

시네틱스 Synethics

월리엄 고든이 개발한 아이디어 발상 기법으로, 대상 간의 유추를 통해 여러 가지 아이디어를 만들어 낸다. 크게 네 가지로 나뉘어 있다. 직접적 유추는 개선하고자 하는 대상과 유사한 성질을 가지고 있는 다른 대상과 비교하는 것이다(예를 들어, 가구의 페인트나 도료에 대한 아이디어가 필요할 때, 나무나 새, 꽃이 색을 만들어내는 방법을 이용해 본다). 상징적 유추는 핵심적 내용을 내포하는 두 개의 단어를 서로 모순되거나 역설적인 형태로 조합하여 새로운 아이디어를 얻는다(예를 들어, 대리석에 대해 '사라지지 않는 무지개'라는 단어로 생각해 본다. 대리석을 깎으면 무지개를 연상시키는 강렬한 무늬가 있다. 그러나 이 무늬는 사라지지 않는다). 공상적 유추란 어떤 문제를 해결하는데 요구되는 조건을 수행하는 환상의 도구나 사람을 떠올리는 것이다(예를 들어, 자동차의 바퀴가 닿아야만 생기는 도로). 의인적 유추는 자신이 문제나 과제의 대상과 일치되어 생각하는 것이다(기어와 관련된 문제라면, 자신을 축을 따라 옆에 다른 톱니와 맞물려 돌고 있는 톱니라고 생각한다).

시네틱스 방법은 고정된 사고나 심리적 관성을 극복하는데 도움을 주며, 특히 과제나 문제를 새로운 시각에서 바라볼 수 있도록 도와준다.

형태학적 분석 Morphological Method

스위스 태생의 천문학자 츠빙키가 개발한 방법으로, 미국으로 망명 후 로켓 개발에 참여하면서 로켓 엔진 개발에 활용하여 유명해진 방법이다. 이 방법을 이용해 개발 가능한 로켓 엔진의 종류를 57만6천개를 제시하였다. 그런데 당시 소련과 미국에서 비밀리에 개발하고 있던 로켓 엔진과 동일한 방법이 포함되어 있었기 때문에 각 국 정부는 이 과학자를 스파이로 오인하는 사태가 벌어지기도 했다.

이 방법의 핵심은 다양한 부분을 하나의 시스템으로 결합하는 것이다. 먼저 문제를 정확히 정의한다. 그 다음 대상물의 주요 성질을 결정한다. 이 대상물의 주요 요소를 한 축으로 설정하고, 각 요소에 해당하는 특성을 다른 축으로 한 표를 만든다. 그 후 각 특성을 조합하여 새로운 아이디어를 만들어 낸다. 예를 들어, 실내 디자인이라는 과제를 선정한다면, 먼저 중요한 요소들로는 바닥, 문, 가구, 조명, 벽 등이 일반적이다. 이것을 표의 세로축에 적는다. 그 다음 바닥의 재료로 쓰일 수 있는 종류들을 적는다(목재, 석재, 타일, 카펫, PVC 등). 이런 식으로 다른 요소들에 해당되는 특징을 적으면 모든 가능한 매트릭스가 된다. 이것을 조합하면 다량의 방법들이 만들어진다. 이런 방법들 중 가장 최적의 방법을 선택하면 된다.

이연작용 Bisociation

두 가지 분야의 지식이 합쳐질 때 새로운 해결책이 나온다는 개념이다. 창의적인 발상과 아이디어는 어느 날 갑자기 떠오르는 섬광과 같은 것이 아니라 한 가지 문제를 깊이 고민하고 있을 때 다른 분야의 지식이 융합되어 순간적으로 문제의 해결안을 깨닫게 해 줄 수 있다는 원리이다. 예를 들면, 아르키메데스가 왕의 명령을 받아 왕관이 순금으로 되었는지 구리가 섞인 합금인지 알아보라는 부탁을 받고 밤낮으로 고민하던 중 목욕탕에서 욕조에 들어가 앉을 때 물이 넘치는 모습을 보며 비중을 통해 금속의 순도를 알아 낼수 있다는 사실을 깨닫고 유레카를 외친 것과 같다.

집단지성활용 Collective Intelligence

조직의 창조적 활동을 위해서는 한 개인의 창조성만으로는 한계가 있다. 따라서 개인이 창의성을 발현할 수 있는 환경을 조성하고 조직 내부와 외부 모든 곳에서 개개인의 아이디어를 결합시켜 더 효과적인 아이디어를 만들어 낸다는 것이다. 주관적 판단, 개인의 한계를 극복하며, 협업과 경쟁을 통해 더 나은 아이디어를 만들어 낼 수 있다는 장점이 있다. 대중매체나 인터넷을 활용하여 다양한 생각을 하는 사람들의 의견을 빠르고 효과적으로 수렴하는 것도 장점이다. 대표적인 예로는 200년이 넘는 백과사전의 대명사인 브래테니커의 정보량을 몇 년 사이 10배 이상 뛰어넘은 위키피디아 Wikipidia 사전을 꼽을 수 있다. 정보의 양 뿐 아니라 정확도 역시 뛰어나며, 현재도 매일 2천 건 이상의 새로운 항목이 추가되고 있다.

통계와 실험에 기초한 품질혁신기법

기업현장에서 혁신기법으로 많이 활용되고 있는 것으로 6시그마, 다구치 기법 등이 있다. 이 방법은 통계에 기초한 품질혁신기법으로, 앞에 소개한 창의적 아이디어 개발 기법들과는 차이가 있다.

GE의 잭 웰치가 고안한 6시그마는 제조생산공정에서의 실수를 최대한 줄여서 생산효율을 극대화하는 것이 핵심으로, 모든 과정을 프로세스화하여 최적화 방안을 찾아 품질을 개선하는 것이 목표이다. 따라서 창의적 아이디어를 개발하는 사고 방법론들과는 달리 6시그마는 일하는 방식이다. 고객의 요구 사항을 바탕으로 문제를 파악하는 방법이며, 상황을 측정하고 개선하는 방법이다.(김효준. 생각의 창의성. 2004)

다구치 기법 역시 설계혁신기법이다. 일본의 품질 혁신 전문가인 겐이치 다구치 박사가 개발하였다 해서 그 이름을 붙인 것이다. 전통적인 실험 계획법이 불량의 원인이 될 수 있는 요소들을 제거하는 것을 목표로 하는 반면, 이 방법은 실험에 의도적으로 설계자가 통제할 수 없는 요소들을 첨가함으로써 산포가 작은 안정된 출력특성을 얻는 것이 목표이다.

이들 방법은 기업의 제조혁신과 개선에 직접적인 효과를 주는 일종의 '설계 최적화' 방법으로서, 전 세계 기업에서 적극적으로 활용되고 있다.

창의활성화 기법들의 장점과 단점

위에 소개한 기법들은 특히 사고의 틀을 깨고 다양한 관점에서 자유롭게 대상을 보도록 함으로써 보다 새롭고 독창적인 아이디어를 만들어 내는 데 많은 도움이 되는 방법들이다. 그런데 이 기법들을 살펴보면 공통점이 있다.

첫 째는 이들 기법들이 아이디어를 창출하는 원리는 다양하고 새로운 아이디어를 다수 만들어내어 그 가운데 적합한 방법을 선택하는 것이라 할 수 있다. 이는 다양한 시도와 시험을 거쳐 해답을 찾아가는 시행착오^{trial and error}의 방법과 유사하다. 현대의 다양한 아이디어 발상기법들은 아무런 제한이 없는 자유로운 발상을 기본으로 하는 브레인스토밍으로부터 시작하여 아이디어 발상을 보다 더 체계화하는 방법(여섯색깔 생각의 모자, KJ mapping[*]등) 혹은 연상이나 유추, 시스템적 접근(형택학적 분석 등) 등을 활용하여 차츰 시행착오의 수와 시간을 줄여나가는 형태이다.

두 번째는 대부분의 창의적 아이디어 개발 방법들이 심리적 접근 방법에 기초하고 있다는 점이다. 이들 방법들의 기본 핵심을 한 마디로 정의한다면 "다르게 보고, 다르게 생각하라"이다. 이것은 결국 우리 인간의 뇌가 가지고 있는 본질적 성질인 사고의 관성을 깨뜨리는 것이다. 이런 관성의 벽을 허물기 위해서는 고정되고 습관적인 사고에서 벗어나 유연하고 융통성있는 사고가 필요하기 때문에, 이를 위한 다양한 심리학적 훈련법이라 할 수 있다.

그런데 바로 이런 점들이 기존의 창의적 아이디어 개발 방법론들이 가지고 있

---

* KJ mapping은 일본의 문화인류학자 기타지마 지로가 학술조사를 위한 다양한 정보와 데이터를 정리하면서 고안한 방법으로, 명칭은 고안자의 이름에서 만들어졌다. 이 방법은 브레인스토밍을 체계화시킨 것으로, 브레인스토밍에서는 자유로운 아이디어의 발상과 전개, 결합을 활성화하는데, 이 방법에서는 브레인스토밍에서 출발하되, 제안된 아이디어들을 비슷한 내용끼리 그룹화하여 정리한 후 최종적으로 종합한 아이디어를 만들어낸다.

는 장점과 효용성에도 불구하고 실제 산업현장, R&D, 복잡한 기술적 문제해결에서 적용되기에는 한계를 가져오는 이유이기도 하다. 이곳에서는 필요한 해결안이나 아이디어를 빠른 시간 내에 효과적으로 찾아내야 한다.

기존의 창의적 아이디어 개발 방법들이 심리학 분야에서 많이 제안되었다면, 실제 복잡한 기술 시스템을 다루며 그와 관련된 문제를 해결하는 과정에서 가장 창의적인 아이디어를 가지고 해결안solution을 찾고자 하는 구체적인 방법론이 기술 분야에서 등장하였다. 이것이 러시아의 알츠슐러가 개발한 창의적 문제해결이론Theory of Inventive Problem Solving, 트리즈이다.

2. 창의성은 과학이다

– 창의적문제해결이론(트리즈)

1) 발명의 법칙에서 창의성의 법칙으로

창의적인 인물의 특징이 아닌 창의적 결과물의 법칙에서 시작하다

트리즈(TRIZ. 창의적 문제해결이론)는 러시아어의 약자로, 직역을 하자면 발명문제해결이론이다. 즉, 인간이 새로운 발명을 하게 되는 프로세스를 과학적으로 체계화한 것이다.

트리즈는 1946년 러시아의 과학자이자 발명가인 겐리히 알츠슐러(1924~1998)가 처음으로 연구를 시작하여, 현재까지도 계속해서 그의 제자들에 의해 연구, 개선, 발전되고 있는 창의적 사고 방법론이다.

알츠슐러의 창의적 사고 방법론의 기초는 기술과 과학 분야에서의 새로운 발견, 즉 발명 특허와 과학기술발전의 역사이다. 알츠슐러는 이 특허와 과학기술발전의 역사를 토대로 새로운 창의성의 기술을 체계화했다. 알츠슐러는 1979년 출판된 자신의 저서에서 이 새로운 창의성의 기술을 설명하면서 "이 사고 과정은 혼돈이 아니라 조직화되어, 평범하게 제어될 수 있다"고 말하며, 발명 문제에서 규명된 이 창의적 사고 체계의 원리가 기술과 과학, 예술, 사회 등의 다른 인간활동 영역에서도 동일하게 작용될 것이라고 믿었다. 이것은 결국 "재능을 부여받은 사람들의 사고의 특성을 찾아내고, 우연히 스치고 지나가는 섬광으로부터 강력한, 제어 가능한 지식의 불꽃으로 이 사고 과정을 바꾸는 것"이기 때문이다.(겐리히 알츠슐러. 박성균 역. 창의성은 과학이다. 2006)

알츠슐러는 이미 13세 때 특허를 취득할 정도로 재능이 남달랐다. 이런 재능으로 인해 1946년 해군에 입대한 알츠슐러는 특허 부서에서 근무하게 되는데, 이곳에서 접하게 된 몇 가지 기술문제 해결의 경험이 알츠슐러를 창의성 연구의 길로 들어서게 만들었다. 특허와 관련된 업무를 하면서 알츠슐러에게 몇 가지 기술문제를 직접 해결할 기회가 생겼다. 처음 해결한 문제는 용접 관련 문제였다. 그리고 얼마 후 잠수함에 관련된 문제 해결에 참여하게 되고, 그 다음에는 구축함포와 관련된 문제를 해결하게 되었다. 그런데 이 과정에서 분야도 내용도 전혀 다른 세 가지 문제가 모두 한 가지 원리로 해결되었다는 것을 알게 되었다. 실제로 알츠슐러는 마지막 포와 관련된 문제는 앞의 두 가지 문제를 해결한 원리를 적용하여 쉽게 해결했던 것이다. 이 발견은 알츠슐러에게 창의적 문제해결에는 어떤 공통된 원리가 있는 것이 아닌가 하는 호기심과 의문을 만들어냈고, 이를 확인하기 위해 본격적으로 20만건 이상의 특허를 분석하게 된다.

알츠슐러는 먼저 문제 자체의 과학적 접근에서부터 시작한다. 수십만 건의 특허를 분석한 후 발명의 문제를 그 내용과 난이도에 따라 5가지 수준으로 구분하였고,

각 문제 수준에 따라 문제 해결의 방법이 다르게 적용된다는 것을 밝혀냈다.

문제의 구분	특징	해결방법
1수준	• 몇 번의 시행착오로 해결되는 수준의 문제 • 시스템의 변화 없는 개선 • 특허의 약 30%정도 차지	• 하나의 전문분야 내에서 해결 (판지생산의 개선문제는 그 판지생산내의 방법으로 해결)
2수준	• 수십 번의 시행착오로 해결되는 수준의 문제 • 시스템의 약간의 변화를 통한 개선의 정도	• 단일기술분야에서 해결 (판지문제가 임업에서 알려진 문제로 해결)
3수준	• 수백 번의 시행착오로 해결되는 수준의 문제 • 시스템의 본질적인 개선 • 모순을 해결 • 특허의 10%정도 차지	• 다른 분야의 방법을 적용 (목재산업의 문제를 야금학에서 알려진 방법으로 해결)
4수준	• 수천에서 수만 번의 시행착오로 해결되는 수준의 문제 • 새로운 개념을 제시 • 특허의 3~4% 차지	• 기술이 아닌 과학의 영역에서 해결 • 물리, 화학적 효과를 활용
5수준	• 10만~100만의 시행착오로 해결되는 수준의 문제 • 완전히 새로운 원리 제시 • 특허의 1% 정도 차지	• 동시대의 과학 지식의 한계를 넘어 외부에 존재

그리고 다음과 같은 질문을 던진다.

만약 시행착오를 수백 번에서 수십만, 수천만 번을 거쳐야 해결될 수 있는 복잡하고 어려운 문제를 단 몇 번의 시행착오로 해결할 수 있다면? 과학과 기술의 혁명, 그리고 혁신은 높은 수준의 문제가 단 기간에 효과적으로 해결되는 것을 요구한다. 물론 집단지성활용과 같이 한 개인이 아닌 공동의 지식과 집단의 노력으로 문제를 해결할 수도 있다. 그러나 이런 높은 수준의 문제를 1수준이나 2수준의 해결이 손쉬운 문제로 전환시킬 수 있다면 그것은 훨씬 더 효과적이고 효율적이며 혁신적일 것이다.

모순의 발견과 극복. 기술 시스템발전의 법칙, 심리적 요인의 제어

알츠슐러는 이 문제 전환의 과정을 체계화하였다. 알츠슐러는 문제 수준의 구분을 통해 1수준과 2수준의 발명 문제는 실제로는 새로운 아이디어를 이용한 발명이 아닌, 설계의 문제에 해당된다고 정의했다. 그리고 창의적이라고 할 수 있는 발명은 3수준 이상에서 발견되는데, 이때 발명과 관련된 문제는 본질적으로 모순이 그 원인이며 이를 극복하는 것과 관계가 있다는 것을 증명하였다. 즉, 특허를 기반으로 창의적이라고 판단되는 발명 아이디어를 분석한 결과, 여기에는 모순의 해결이 그 원리로 자리잡고 있었다는 것이다. 따라서 창의적인 문제해결이란 바로 이 모순 해결, 즉 근본적인 모순(알츠슐러는 이것을 물리적 모순이라고 설명한다)을 정확히 찾아내서, 이 모순을 제거해 주는 것이다.

이와 같은 모순의 존재를 밝혀내고, 모순의 타협이 아닌 제거(그리하여 조화로운 공존이 가능한)를 통한 해결책을 찾아내는 것은 자연의 세계와 그에서 파생된 모든 기술과 인류의 역사를 이해하는 변증법적 사고 철학이기도 하다. 이렇게 트리즈는 고대에서부터 이어져온 세계와 자연을 이해하는 철학적 방법론을 그 토대로 하고 있다.

그렇다면 이 모순을 어떻게 제거할 것인가? 알츠슐러는 기술 문제에서의 모순을 제거해 주는 방법들을 기술 시스템발전의 역사 속에서 발견된 제 법칙들에서 찾았다. 이 법칙들을 문제해결에 적용할 수 있다면 그만큼 시행착오의 수를 줄이고 효과적인 해결안을 찾게 되는 것이다.

창의적으로 문제를 해결하기 위해서는 문제해결의 과정에서 발생할 수 있는 모든 아이디어와 모든 가능성에 대해, 그것이 아무리 비현실적이고 공상적인 생각으로 보일지라도 미리 거부하지 않고 무시하지 않아야 한다. 이것은 우리가 가진 심리적 관성 때문일 수 있으며, 따라서 문제 해결의 과정에서 상상력을 자극하고 심리적 관성을 극복하기 위한 심리적 방해 요인을 제거하는 것이 매우 중요한 인자가 된다. 이에 따라 심리적 과정을 제어할 수 있는 구체적인 방법들을 연구하여, 이를 별도의 "창의적 상상력 개발"Development of Creative Imagination(러시아어 약자

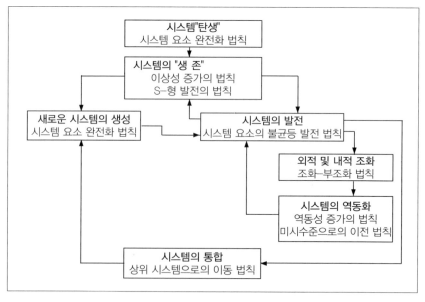

기술 시스템발전의 과정 속에 나타나는 기술 시스템발전의 주요 법칙들

로는 RTV라 한다)이라는 영역으로 구분하였다. 이 과정 안에는 우리의 상상력을 활성화하여 고정 관념에 얽매이게 하는 심리적 방해 요소를 제거하기 위한 여러 가지 훈련 기법을 적용하고 있다.

문제의 표준화, 모델화. 알고리즘적 사고의 패턴

트리즈 이전의 창의적 아이디어 개발 기법이나 창의적 문제 해결 기법들은 문제를 직접적으로 해결하고자 했다. 때문에 무수히 많은 시행착오가 필요했고, 다양한 다수의 아이디어들과 그 가운데 적합한 아이디어를 찾아내 해결안으로 전환하기 위한 여러 실험들이 요구되었다.

트리즈는 문제를 바로 해결하지 않고, 문제를 표준화, 모델화하는 절차를 거쳐 일반화시킨다. 그리고 이렇게 문제를 표준모델화한 다음, 이 표준모델에 적합한 각각의 해결 모델들을 적용시킨 후, 구체적인 해결방안을 찾아낸다. 언뜻 생각하면 이렇게 문제를 모델링화하여 일반화하는 것이 더 시간이 오래 걸리고 복잡한 듯 하지만, 오히려 이것은 확실한 해결 방향을 제시해 주며 시행착오의 수를 줄이게 함으로써 시간과 비용을 줄이고 확실하고 적절한 해결안을 찾도록 만들어준다. 이것은 마치 우리가 2차 방정식의 공식을 알지 못한다면 무수히 많은 수를 대입해서 실제 값을 가지고 답을 알아내야 하지만, 2차 방정식의 근의 공식을 활용하면 간단하게 그 답을 알아내는 것과 같은 이치이다.

트리즈는 문제의 표준화와 모델화를 통해 창의적 문제의 핵심이 되는 모순의 규명과 해결의 과정을 알고리즘화하여, 우리가 문제 해결에 있어 과학적이고 체

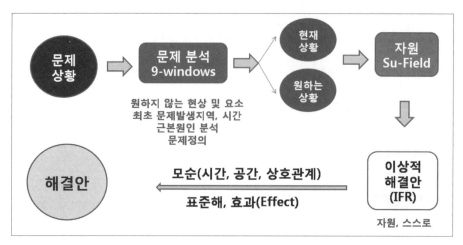

트리즈에서 문제를 표준화, 모델링화하여 해결하는 알고리즘적 체계

계적으로 사고할 수 있도록 도와준다.

　트리즈는 엄격한 과학이론이나 새로운 창조기법이 아니다. 이것은 발명과 과학 기술진화법칙의 일반화된 경험이며, 그것을 반영하고 있는 새로운 사고 패턴이라 할 수 있다. 기술이란 본래 자연과 인간의 객관적이자 주관적인 상호관계 속에서 발전하는 세계이다. 만약 이 세계에 대한 법칙을 알고 이해한다면, 충분히 이것을 활용할 수 있다. 트리즈는 바로 그 법칙을 활용하는 방법이다.

　여기서 강조하고 싶은 것은 트리즈는 문제해결을 위한 기계적 도구가 아니며, 정보를 입력하면 자동으로 답이 나오는 프로그램도 아니라는 것이다. 트리즈는 문제를 해결하기 위해 우리가 어떻게 자신이 가지고 있는 정보와 지식을 창의적으로 활용할 수 있는가를 알려주는 기술이라 할 수 있다. 중요한 것은 트리즈는 인간의 사고를 위한 도구이지 인간의 사고를 대신하는 도구가 아니라는 말이다. 그렇기 때문에 트리즈를 적용함에 있어 세계에 대한 끊임 없는 관심, 새로운 문제를 발견하고 해결하고자 하는 도전정신, 지식의 경계를 벗어나고자 하는 유연한 태도가 그 무엇보다 필요하다.

트리즈에서 창의성이란 한 순간의 영감이나 빛나는 통찰력이 아니라 가장 효과적이고 적절한 해결안을 찾아가는 하나의 기술, 곧 사고의 기술이다. 따라서 모든 기술이 그렇듯 이 사고의 기술도 충분한 교육과 풍부한 경험이 필요하다. 배움과 경험의 과정을 거치면 그 기술을 자유롭게 사용하는 전문가가 되듯이, 창의성의 기술도 배우고 익힌다면 우리도 누구나 창의적인 사람이 될 수 있다.

2) 트리즈 활용과 그 효과

트리즈는 기술문제에서의 획기적이고 새로운 발명 과정을 연구하면서 만들어진 방법론이다. 그러나 그렇다고 해서 트리즈가 단지 기술적 문제해결에서만 국한되는 것은 아니다.

무엇보다 트리즈는 과학기술진화법칙을 기반으로 체계화된 방법론이기 때문에 기술 시스템의 미래를 예측하는 방법으로 활용될 수 있다. 이 분야에서는 현재 미국에서 활동하고 있는 트리즈 마스터인 보리스 즐로틴이 이끄는 연구팀들이 주축이 되어 기술과 시장의 관점에서 미래기술발전을 예측, 선도하는 DE[Directed Evolution] 방법론으로 발전시켜 나가고 있다.

이 밖에 모순과 모순 해결을 적용한 비즈니스 문제 해결, 6시그마와 같은 경영혁신기법과의 결합 등으로 그 적용과 활용의 영역을 확대하고 있다. 특히 미국의 경우, 오픈이노베이션 형태의 연구소와 컨설팅 기업을 연계하여 문제해결과 상품개발 등 트리즈를 경영혁신기법으로 적극적으로 활용하고 있으며, 미국 내 트리즈를 기반으로 한 주요 컨설팅 그룹들은 GE, P&G, 인텔, 제록스를 비롯한 다수의 글로벌 기업들에게 컨설팅 서비스를 제공하고 있다.

무엇보다 가장 적극적으로 트리즈가 응용될 수 있는 분야는 교육 분야이다. 이 부분에서는 오랜 동안 트리즈를 연구해 왔던 러시아가 가장 선도적이라 할 수 있다. 알츠슐러는 1980년대 기술문제해결과 관련된 연구를 제자들에게 일임하고 본격적으로 창의적 인간에 대한 연구에 몰입했다. 1,000명이 넘는 창의적 인물들에 대한 트리즈적 관점의 분석을 통해, 창의성이란 개인과 외부 환경 사이의 상호 관계 속에서 발현되는 것이며, 무엇이 개인으로 하여금 외부 환경과의 상호 관계 속에서 창의적인 사람으로 만들어지느냐에 대한 구체적인 방법을 제시했다. 이는 곧 어떻게 목표를 세우며, 그 목표를 어떻게 추진하고 달성할 것인지에 대한 구체적인 삶의 전략이며, 개인의 창의적 삶의 전략을 어떻게 외부 환경으로 전환할 것인지에 대한 방법이다. 이 연구는 러시아의 교육학 쪽에서 활발히 응용되었다.

러시아에서는 트리즈를 적용한 창의성 교육에 대해 1990년대 후반부터 본격적인 이론과 연구들이 진행되어 왔다. 현재는 실제 초중고 교육 현장에서 10년 이상의 장기적 교육 실험과 경험을 거쳐 그 결과물을 바탕으로 공교육 시스템 내의 적용을 위한 준비 단계까지 발전하고 있다. 대학교육에서는 이미 상트 페테르부르크 대학, 상트 페테르부르크 산업기술대학, 바우만 공대, 꼼소몰스크 나 아무르 국립공과대학 등에서 정규 과정으로 교육되고 있다.

국내의 경우는 주로 기업의 혁신 기법으로 활용되고 있다. 삼성전자, 삼성전기, 포스코, LG, 하이닉스 등 여러 기업에서 트리즈를 활용하고 있다. 이 가운데 가장 선도적인 곳으로는 삼성과 포스코를 꼽을 수 있다. 이 두 기업은 사내 전 직원들을 대상으로 한 트리즈 교육을 체계적으로 진행하고 있으며, R&D와 기술문제해결 및 경영에도 적용하기 위해 노력하고 있다. 국내의 대표적인 트리즈 효과 사례는 삼성이 다수 확보하고 있다. 포브스지 2013년 5월 9일자 기사에 따르면 삼성은 2003년 트리즈를 통해 50개에 달하는 특허의 취득과 2004년에는 1억 달러 이상의 비용절감효과를 얻었다. 현재 트리즈는 삼성 전반의 업무 방식이 되었고, 삼성은 계열사 CEO를 포함하여 누구나 트리즈 교육을 받아야 한다고 전하고 있다.

포스코는 새로운 창의 시대인 "포스코 3.0"으로 도약하기 위한 창의적 인재를 기업차원에서 양성하기 위해 자체적으로 포스코 트리즈 대학을 설립(2010.2)하여 연구와 산업 현장에 트리즈를 보급하고 있다.

그렇다면 트리즈를 적용하여 실제로 어떤 효과를 얻게 되는 것일까? 아래에 트리즈혁신연구소에서 추진하고 있는 트리즈 기반의 중소기업 기술문제해결사업과 한국산업기술대학교 학생들을 대상으로 한 트리즈 교육 중 사례 하나씩을 소개한다. 이 사례를 통해 트리즈가 실제로 어떤 효과를 줄 수 있는가를 직접 느낄 수 있기를 바란다.

■ 중소기업 사례

"10년 동안 굳은 살처럼 인식되었던 문제가 2달 만에 해결되었다."

인천에 소재하고 있는 A사는 금구류, 전기부품을 주 생산으로 하고 있는 종업원수 29명의 중소기업이다. 이 회사는 알루미늄 금형 주조로 부품을 생산하고 있는데, 금형 내 열평형 유지와 응고 가스 제거, 알루미늄 누수 방지를 위해 일종의 공기 필터인 에어벤트를 사용한다. 이 에어벤트의 홀은 작고 기다란 관 형태로, 직경이 0.2~0.3㎜, 길이는 10~20㎜이다. 홀의 개수는 100개 정도이다.

알루미늄 주조금형 안에 사용되는 필터인 에어벤트

그런데 주조공정 중 금형의 온도 구배를 유지해 주기 위해 도포하는 에멀전 형태의 다이코트라는 물질로 인해 문제가 발생했다. 이 다이코트가 에어벤트 안에서 누적이 되어 사용 후 2주 정도 시간이 지나면 에어벤트의 홀을 막아버린다. 이렇게 되면 에어벤트는 그 기능을 상실하여, 금형의 열 평형에 불균형이 생기고, 응고 가스가 밖으로 제거되지 않아 제품 내에 이 가스가 혼재되어 응고된다. 이로 인해 발생하는 수축현상 때문에 실험시 기계적 하중을 견디지 못하고 절단되는 현상이 발생했다. 만약 전기 부품에 사용하게 되면 이것은 전기가 흐르는 선 상에서 심각한 사고를 초래할 수 있다.

사용 2주 후에는 에어벤트의 홀이 막혀버린다

이 회사는 2주마다 공정을 세우고 에어벤트를 교체해야 했다. 이 제품을 일본에서 수입하고 있었는데, 수입 단가가 개당 3만원이다. 회사는 에어벤트의 홀을 막고 있는 다이코트를 제거하여 필터를 재활용함으로써 생산 손실을 줄이고 비용을 절감하고자 했다. A사는 이 문제를 해결하기 위해 몇 가지 개선 작업을 여러 해 동안 진행했다. 첫 번째는 기계적으로 에어벤트의 홀을 제거하는 방법이었다. 그러나 이것은 매우 복잡한 작업이었다. 두 번째 방법은 다이코트를 녹여버리는 것이었다. 그러나 이것은 성공하지 못했다. 세 번째 방법은 자석으로 에어벤트의 입구를 막는 것이었다. 그러나 높은 온도 때문에 자석은 자성을 잃어버린다. 에어벤트 홀에서 굳어진 다이코트의 딱딱한 정도는 사암이나 벽돌에 비교할 수 있을 정도였다. 결국 이 회사는 에어벤트의 홀에 단단하게 붙어 있는 다이코트를 일반적인 방법으로 제거하는 것이 불가능하다고 판단하고, 좀 더 저렴한 단가의 에어벤트 공급업체를 찾기로 결정했다.

이런 상태에서 트리즈 전문가들에게 이 문제를 의뢰했다. 업체가 의뢰한 문제는 에어벤트의 홀에 단단하게 응고되어 있는 다이코트를 제거하는 방법을 찾는 것이었다. 트리즈 전문가들은 트리즈의 문제해결 알고리즘에 따라 문제를 분석하고, 해결 콘셉트를 도출했다. 이 콘셉트에 따라 두 가지 방향에서 해결안을 제시했다. 첫 번째 방향은 문제의 원인이 아닌 결과를 제거하는 방법, 즉 에어벤트 홀관과 다이코트가 결합되어 응고되는 현상을 방지하는 방법이다. 이를 위한 방법으로 기구적 세척 방법, 초음파를 이용한 세척 방법, 열을 이용한 세척 방법, 자기장을 이용한 방법 등을 제안했다. 두 번째 방향은 문제의 원인 자체를 제거하는 방법이었다. 주조 과정에서 다이코트가 홀 안에서 응고되어 쌓이는 과정의 물리적 현상을 분석한 후, 홀 안의 다이코트가 가지고 있는 모순을 규명하고 이를 해결했다. 즉, 다이코트는 홀 내부에 존재해야 하지만, 존재해서는 안 된다는 것이다. 해결은 에어 벤트의 구조를 변경하여, 기존의 홀을 내부가 비워지고 입구가 망으로 되어 있는 모양으로 만드는 것이었다.

업체가 자체 제작한 새로운 에어벤트는 3개월 동안의 작업에서 전혀 막힘 현상이 발생하지 않았다. 그리고 업체가 이 에어벤트 제작에 투자한 비용은 개당 천원이다.

트리즈 전문가가 제안한 새로운   트리즈 전문가의 제안에 따라 업체가 직접 제작한 에어벤트
구조의 에어벤트

업체에서는 이 결과에 어떤 평가를 내렸을까?

"첫째, 문제를 해결하기 위한 접근 방법에 있어서 사고의 전환이 생겼다. … 우리

는 그동안 커다란 산의 나무 몇 그루만 보고 그 커다란 숲은 보지 못했던 것이다. 미

시적인 안목에서 거시적인 안목으로 문제를 보는 시각의 변화가 생긴 점은 돈을 지불

하고도 구매할 수 없는 아주 값진 것이다. 둘째, TRIZ는 기존의 품질 인증과는 차별

화된, 기업에서 가장 필요한 실질적인 형태의 문제해결방법이다. 당사는 ISO 9001,

14001, INO-BiZ 등의 인증을 보유 및 유지하고 있다. 그러나 그러한 인증들은 회사

의 품질 또는 환경 매뉴얼과 시스템을 갖추고 있는가에 대한 인증과 그러한 것을 통하

여 제품을 잘 양산하고 있는가에 대한 인증일 뿐, 실질적인 문제점에 대한 해결방법을

제시하거나, 제안을 해주는 기능은 전혀 없었다. … TRIZ에 대해 잘 모를 때는 상술

한 그러한 인증들과 같은 종류로 인식하고 대충 양식만 맞도록 준비해도 되는 것으로

생각했었다. 그러나 TRIZ 연구원들은 그런 고정관념과 전혀 달랐다. … 셋째, TRIZ

는 모든 기업에 확대 적용되어야 한다.… 실제로 문제를 해결할 때 'how to'라는 방법론이 가장 큰 문제였다. TRIZ는 그러한 제안을 제시할 수 있는 생각을 가르쳐 주었다. 이를 통하여 10년간 굳은 살처럼 인식되었던 문제가 2달 만에 해결되었고 그를 통하여 생산원가의 절감효과를 가져올 수 있었다. 이러한 TRIZ 기법은 모든 기업에 적용되어야 하고, 어떠한 형태로든 많은 홍보와 교육이 실시되어야 한다고 생각한다."

■ 공학 전공 학생들의 트리즈 교육 사례

"즐겁고 배움을 떠나 행복합니다"

한국산업기술대학교 3~4학년을 대상으로 130시간의 트리즈 이론 및 실습 교육을 진행하였다. 이 교육은 크게 세 가지 주제로 진행되었다.

주제	시간	결과물
창의적 사고 개발 훈련: 고정관념 극복과 창의적 아이디어 생성	40시간	실습: "혁신 제품(상품) 개발하기"
트리즈 문제해결 기법: 창의적 사고와 창의적 문제해결 능력	50시간	실습: 실제 중소기업의 애로기술문제 해결방안 제안
기술진화법칙의 활용: 기술(산업)의 발전 예측을 통한 신기술개발	40시간	실습: 기술 시스템 분석과 진화법칙을 활용한 혁신제품 제안

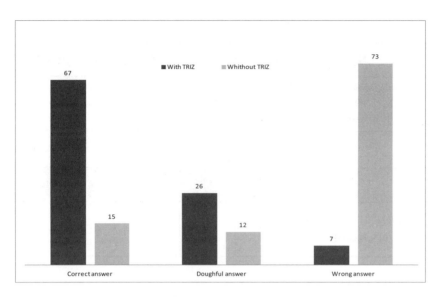

트리즈 교육 전후의 문제해결 능력 평과 결과

각 주제별로 수업을 진행한 후 실습 과제를 제출하여 평가하였다.

교육 후 실시한 설문 결과를 분석해 보면, 강의 시작 전과 후의 차이가 확실하게 나타났다. 창의적인 사고를 필요로 하는 3개의 문제를 강의 전과 후에 동일하게 풀게 하고 그 해결안을 비교했을 때, 시작 전에 올바른 해결안을 제시한 학생 비율은 전체의 15%였으나, 교육 후에는 그 비율이 67%에 이르렀다. 특히 문제 해결 자신감을 묻는 질문에 강의 전 그렇다 라고 대답한 비율이 48%였다면 교육 후는 그 비율이 92%까지 치솟았다.

〈교육 후 설문 조사 결과〉

질문	매우 그렇다	그렇다	보통	아니다	전혀 아니다
TRIZ가 본인의 문제해결 능력 개발에 도움이 되었습니까?	72%	20%	8%	0	0

질문	매우 그렇다	그렇다	보통	아니다	전혀 아니다
본인은 언제어디서든 직면하게 될 문제를 해결할 자신이 있다고 생각합니까?	11/44%	37/48%	42/8%	10/0%	0

질문	매우 그렇다	그렇다	보통	아니다	전혀 아니다
TRIZ가 창의적 사고 발달에 도움이 되었습니까?	68%	32%	0	0	0

학생들은 이 수업에 만족했을까? 다음은 교육 후 무기명으로 작성한 학생들의 자유 의견 중 일부이다.

* 나 자신의 생각 수준(사고, 창의력, 논리력)이 높아졌다.

* 강의를 통하여 처음과 생각이 달라졌다는 것을 느꼈다.

* 마지막 질문을 통해 창의성이 개발될 수 있다는 확신을 얻었다.

* 스스로 생각해 볼 수 있는 시간이 많았던 것 같아 스스로를 돌아보게 되는 좋은 계기가 되었다.

* 즐겁고 배움을 떠나 행복합니다.

* 제가 얼마나 변했는지 알게 되었습니다.

* 매번 신선하고 기발한 생각하는 기술이 생겨나서 좋다.

* 형태학적 분석과 작은 사람 모델링을 배운 게 마음에 든다. 이걸 하는 동안 내가 마치 창의적인 사람이 된 듯 하다.

* 작은 사람 모델링으로 정말 많은 idea를 창출했다.

* 생각을 통해 직접 문제를 풀면서 즐기는 학습

* 문제에 접근하는 해석의 방법이 신선했고, 해결 방법을 도출하는 과정을 이론 뿐 아니라 직접 해 볼 수 있어서 좋았다.

3) 창의성을 누구나 쉽게 배울 수 있을까?

트리즈는 누구나 창의성을 배울 수 있으며, 누구나 창의적인 사람이 될 수 있다고 말한다. 그것은 발명의 법칙으로 밝혀낸 창의성의 원리가 신비한 인간의식의 주관적 활동과 능력에 자리잡고 있는 것이 아니라, 자연의 법칙과 인간의 의지가 서로 상호관계하는 속에서 만들어내는 새로운 세계의 변화와 발전 과정에 자리잡고 있기 때문이다. 그렇기 때문에 그 변화의 법칙을 알고, 인간의 의지와 목적에 맞게 활용하는 능력이 바로 트리즈에서 말하는 창의성의 핵심이다.

그렇다면 이 창의성을 배우는 것은 쉬운 것일까? 아니면 아주 어려운 과정인 것일까? 누군가는 이 트리즈가 어렵고 배우는 데 시간이 많이 걸리기 때문에 손쉽게 활용되기에는 어려움이 있다고 말한다. 반면, 알츠슐러의 동료이자 제자이며, 거의 반 평생을 트리즈 연구와 현장 전문가로 활동해 온 트리즈 마스터 겐나디 이바노프는 트리즈의 기본 원리는 단순하고 간단하다고 말한다. 심지어 초등학생들도 쉽게 이해할 수 있다고 주장한다.

겐나디 이바노프 마스터는 자신의 저서 《창의성의 공식. 어떻게 발명을 배울 수 있는가?》에서 실제로 초등학생들이 전문가들보다 문제를 보다 효과적으로, 혁신적으로 해결한 여러 사례를 소개하고 있다.[*]

물론 트리즈를 전문가처럼 활용하기 위해서는 최소 100시간이 넘는 교육과 실습, 많은 경험이 필요하다. 이는 다시 한번 강조하지만, 모든 전문분야의 기술을

---

[*] 자동으로 온도 조절이 되는 비닐하우스를 설계하라는 과제가 나온다면, 어떻게 해결하겠는가? 혹시 온도를 감지하고 전달할 수 있는 센서와 이에 따라 비닐 하우스의 지붕이나 창문을 자동으로 열고 닫을 수 있도록 기계적 장치를 갖춘 자동 시스템을 비닐 하우스 안에 설치하면 되겠다는 생각이 떠오르지는 않는가? 반면 초등학생들은 비닐하우스의 지붕이 스스로 열을 방출하고 차가운 공기를 내부로 들어오지 못하게 하자는 아이디어를 생각해 냈다. 실제로 비닐하우스의 지붕은 투명한 다공성 특수 필름으로 만들어졌다. 이 특수 소재는 온도가 올라가면 구멍이 열려서 내부의 열을 빼내고, 온도가 내려가면 닫혀서 온도가 빠져나가지 못하도록 한다. 여름에는 땀구멍이 열려서 열을 빼내고, 온도가 내려가면 땀구멍의 수축으로 온도를 유지하는 사람의 피부와 같은 원리이다.

배우고 익히는 과정과 같다. 그러나 트리즈의 기본 원리는 초등학생들도 이해할 수 있을 정도로 단순하다. 하지만 이 단순한 원리 속에 수 많은 발명가의 창의적인 발명의 경험이 녹아 있다. 그 기본 원리란 시스템적 사고, 자원의 활용, 이상성, 그리고 모순의 이해와 해결이다.

2장

창의적 문제 해결의 첫 번째 열쇠

시스템적 사고

1. 문제를 보는 시스템적 사고
– 모든 것은 서로 연관되어 있다

1) 9개 관점의 다차원 사고

창의적 사고라는 말에는 보통 '사고의 틀을 깨뜨린다', '고정 관념을 벗어난다', '다르게 생각한다' 등의 말이 뒤따른다. 그렇다면 트리즈에서는 이 창의적 사고에 대해 어떤 정의를 내리고 있을까?

알츠슐러는 발명가들의 사고에 대해 다음과 같이 설명했다.

"평범한 사고란 문제에 주어진 것만 보는 것이다. 만약 문제가 나무와 관련된 것이라면 나무만 살펴 본다. 반면 (발명가들의) 강력한 사고는 동시에 최소한 아홉가지의 사고의 창으로 문제를 본다. 강력한 사고를 작동하게 되면 문제에 주어진 시스템과 그 상위 시스템, 하위 시스템, 이렇게 세 가지의 다른 차원으로 바라본다. 한편 각각의 차원은 모두 그 자체의 과거와 현재, 미래가 있다. 그러니까 나무만 보는 것이 아니라 숲과 나무 세포도 같이 살펴 보아야 한다. 그리고 이 모

든 것은 발전 속에 존재한다. 즉, 과거와 현재, 미래라는 시간의 관점에서도 살펴

보아야 한다."

하나의 문제, 하나의 대상을 최소한 아홉 개의 관점에서 접근하라는 의미이다.

이에 따라 나무와 관련된 문제를 살펴 본다면 최소한 다음과 같은 방법으로 나무

라는 대상에 접근해야 한다.

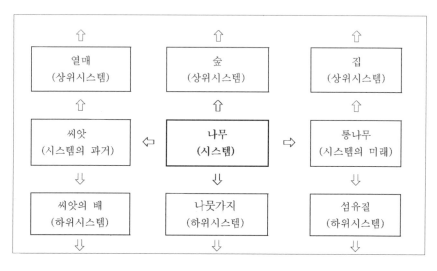

나무를 보는 다차원적(시스템적) 사고

트리즈에서는 시스템System, 하위 시스템Sub-System, 상위 시스템Super-System이

라는 용어를 자주 사용하며, 매우 중요한 개념이다. 위의 나무를 보는 다차원적

(시스템적) 사고 모델에서 보듯이 트리즈적 접근법은 시스템(대상)을 여러 차원에서

구분하며, 이 차원들 사이에서의 상호 관계에 집중한다. 트리즈에서는 창의적 사

고라는 말 대신 구체적인 의미를 담고 있는 시스템적 사고라는 단어를 보다 더 많

이 사용한다.

하위 시스템-시스템-상위 시스템

먼저 우리의 관심 대상이 되는 시스템부터 살펴 보자. 기술 시스템이란 "인간이 규정한 기능을 수행하는데 필요한 독립적인 요소들이 서로 상호연관 속에서 시간과 공간을 통해 구성된 집합체"로 정의될 수 있다(젠나디 이바노프). 즉, 시스템이란 특정한 목적에 의한 기능을 가지고 있으며, 그것을 구성하고 있는 개별 요소들에게는 없는 새로운 특성이 시간과 공간을 이용해 요소들 사이의 상호 작용을 통해 나타나는 단일한 대상물이라 할 수 있다.

예를 들어, 전동기는 전기를 이용하여 동력을 만들어내는 장치이다. 이 전동기는 회전자, 고정자, 냉각팬, 권선, 베어링 등의 여러 요소로 구성되어 있다. 이런 개별적인 요소들은 독립적으로는 전기 에너지를 기계적 에너지로 바꾸는 성질이 전혀 없다. 그러나 이 요소들을 결합하여 상호 작용을 시켰을 때 이 특성이 생성되어 전기 에너지를 기계적 에너지로 바꾸는 기능을 수행할 수 있는 것이다.

이 같은 시스템의 정의는 기술 시스템 뿐만 아니라 인간이 어떤 목적에 의해 만들어내는 모든 시스템(비기술분야)에도 적용될 수 있다. 예를 들어, 무용은 감정을 전달하기 위해 움직임을 이용하는 것이며, 음악은 감정을 전달하기 위해 소리를 이용하는 것이다. 자연 역시 이와 같은 시스템이라 할 수 있다. 나무는 나뭇가지, 뿌리, 잎사귀, 줄기 등 여러 요소로 구성되어 있다. 이 요소들이 상호 작용을 통해 산소를 만들어낸다. 이런 시스템의 구성 요소들을 **하위 시스템**이라 정의한다.

한편 모든 시스템은 다른 시스템의 구성 요소가 된다. 우리의 관심 대상인 시스템의 주위를 둘러싸고 있는 보다 큰 시스템이 있으며, 우리의 관심 대상이 되는 시스템이 그 구성요소가 되는 시스템이 있다. 이것을 **상위 시스템**이라 정의한다.

전동기 　선반　 생산 라인　 공장　 도시

전동기의 상위 시스템

전동기　 고정자　 고정자 권선　 구리전선　 와니스절연재

전동기의 하위 시스템

전동기를 예로 들면, 전동기를 사용하는 선반이나 기계가 있다. 이것이 전동기의 상위 시스템이 된다. 숲은 나무들로 이루어진, 나무의 상위 시스템이 된다.

하나의 시스템은 하나의 상위 시스템과 하나의 하위 시스템으로만 구성되어 있을까? 상위 시스템은 또 하나의 상위 시스템 속의 구성 요소가 된다. 이런 관계는 끝없이 이어질 수 있어, 심지어는 무한대의 우주까지도 연결될 수 있다.[*]

마찬가지로 모든 하위 시스템은 그 시스템을 구성하는 또 다른 하위 시스템이 있다. 이 연결 역시 한 없이 미시의 세계로 이어질 수 있다.

---

[*] 서양 속담에 "풀을 건드려, 별을 불안하게 하지 마라"라는 것이 있다. 지구상의 풀과 나무들이 사라지면 어떻게 될까? 아마도 공기 중의 산소가 줄어들 것이다. 공기 중의 산소가 줄어들면 대기의 양도 줄어 지구의 직경도 줄어들 것이고, 그렇게 되면 지구 자전의 속도도 빨라질 수 있다. 지구의 운동 속도가 변하게 되면 태양계에도 영향을 미치게 될 것이다. 지구와 상호 작용을 하는 근접 행성들은 전체 태양계의 안정을 위해 전체적으로 자리 배치를 새로 해야 할지 모른다. 길거리의 하찮은 풀을 잘못 건드리면 자칫 하늘의 별들이 혼란스러워질 수 있다.

2) 시스템적 상호 연관성 – 모든 것은 모든 것과 연관 되어 있다

모든 시스템은 하위 시스템으로 구성되어 있으며, 상위 시스템의 구성 요소가 된다. 이렇게 시스템은 독립적으로 존재하는 것이 아니라 하위 시스템과 상위 시스템과의 관계 속에서 존재한다. 그리고 이 사이에 서로 상호 연관성을 가지고 있다.

이렇게 시스템을 접근하는 사고는 문제의 해결에 매우 중요하다. 상위 시스템과 하위 시스템을 분석하고 시스템과의 상호관계를 통해 문제를 해결하면 훨씬 더 효율적인 해결안을 찾아낼 수 있다. 다음의 두 가지 사례는 문제를 시스템적 사고로 접근하여 기존의 방법보다 훨씬 효과적으로 해결한 것이다.

대형 공장의 굴뚝에서는 여러 가지 산성 화학물질들이 배출된다. 이런 화학 물질들이 지표면에 내려 앉게 되면 대지의 수분과 상호작용을 하며 들판을 산성화 시켜 농작물에 해를 입히게 된다. 때문에 이 연기로 배출되는 화학물질들의 해로운 작용을 약화시키기 위해 들판에 여러 가지 중화 용액을 뿌린다. 이 작업을 빨리 하기 위해 일반적으로 비행기를 사용한다. 그런데 이것은 비용이 많이 들어갈 뿐만 아니라 확실히 전체적으로 깨끗하게 중화 작용이 된다고 보장할 수 없다.

이 문제를 시스템적 관점에서 살펴본다면, 들판 산성화 문제는 넓은 대지에 중화제를 뿌려서 해결하려는 노력보다 상위 시스템인 굴뚝과 공장에서 문제를 해결하는 것이 효과적이다. 문제가 발생한 넓은 들판에서 문제를 해결하려고 노력하는 것보다 그 앞 단계로 올라가 굴뚝에서 나오는 연기를 중화하면 훨씬 쉽고 경제적으로 해결할 수 있게 된다. 즉, 중화제를 굴뚝 속에서 뿌리면 굴뚝에서 나오는 산성 가스가 중화되어 대지로 날아가도 땅을 산성화 시키지 않게 된다. 비용도 줄일 수 있을 뿐만 아니라 중화 작용의 안정성도 확보할 수 있어, 비행기 등 외부의 다른 시스템을 이용하는 것 보다 훨씬 경제적이고 효율적이다.

또 하나의 사례는 하위 시스템의 분석과 시스템과의 상호관계를 이용한 해결 방법이다. 과거 철근콘크리트로 만든 전봇대는 비가 오면 누설전류가 발생하게 되고, 자칫 인명 피해를 줄 수 있어 위험하다. 이를 방지하기 위해 어스선을 연결해서 외부에서 지면으로 전류가 흐르도록 만든다. 그런데 이렇게 어스선을 연결할 경우 자칫 불량이 생길 수도 있고, 무엇보다 전봇대의 외부에 설치하다 보니

전주의 제조 원가를 낮출 수 있는 방법은?

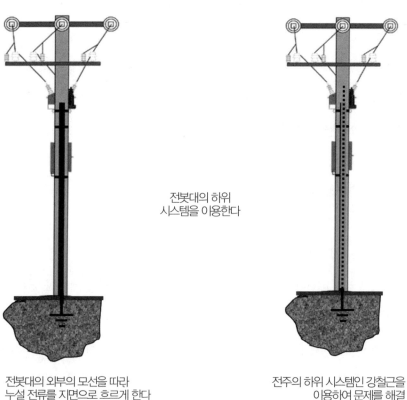

전봇대의 하위
시스템을 이용한다

전봇대의 외부의 모선을 따라
누설 전류를 지면으로 흐르게 한다

전주의 하위 시스템인 강철근을
이용하여 문제를 해결

전주의 제조 원가가 상승할 수 밖에 없었다. 따라서 제조 회사에서는 이 원가를 절감할 수 있는 방법을 찾는 것이 문제였다.

이 문제는 전봇대의 하위 시스템 요소를 사용해서 효율적으로 해결할 수 있었다. 전봇대를 구성하고 있는 요소들 가운데에는 콘크리트 내부에서 전주를 지지해주기 위해 설치한 메탈 와이어가 있다. 이 내부에 설치되어 있는 메탈 와이어로 전류가 흐를 수 있게 연결해주기만 하면 이 메탈 와이어를 따라 전류가 땅으로 흘러 내려가게 된다. 이런 해결방법은 전주의 제조 비용을 크게 낮추고, 기능도 크게 강화시켰다.

시스템적 사고는 시스템을 관찰할 때 단순히 대상만 관심을 가지고 보는 것이 아니라 그 시스템을 구성하고 있는 하위 시스템, 그 시스템이 속한 상위 시스템 그리고 과거와 미래의 시각으로 시스템과 상위, 하위 시스템을 보는 체계적인 사고기법이다. 모든 시스템은 그 시스템보다 더 큰 시스템에 소속되어 있으며, 동시에 시스템은 그것이 아무리 작은 것일지라도 반드시 그 시스템 보다 작은 시스템으로 구성되어 있고, 이들은 서로 상호 작용하에 하나의 시스템으로 기능하고 있다. 이렇게 이 자연계에는 고립되어 독립적으로 존재하는 시스템이란 없으며, 모든 것은 다른 모든 것과 실타래처럼 연결되어 있기 때문에 어느 한 군데에 변화를 주게 되면 그 부분만의 결과가 아니라 다른 부분에까지 영향을 미칠 수 밖에 없다.

시스템적 사고와 창의적, 혁신적 문제해결의 관계

이렇게 시스템 간의 연관성 때문에 시스템을 다루고자 할 때는 그 시스템의 하위 시스템과 상위 시스템을 동시에 고려하여야 문제가 발생하지 않는다. 또한 문제가 발생하였을 때는 이런 시스템적 접근이 효과적인 문제해결을 찾을 수 있는 가능성을 제공해 준다.

러시아에서 실제 해결한 문제의 사례이다.

러시아의 어느 화학 공장에서는 산성 폐기물을 운반하는 파이프의 부식 문제가 심각했다. 워낙 파이프가 심하게 부식되기 때문에 이 공장에서는 파이프 교체 주기가 몇 주 단위로 이루어졌다. 그러다 보니 공장으로서는 큰 비용 손실을 감당할 수밖에 없었다. 이 문제를 해결하기 위해 회사 연구소에서는 여러 가지 코팅 재료를 가지고 실험해 보았으나 경제성 등 별 효과를 거두지 못하고 있었다.

이 문제를 의뢰받은 트리즈 전문가는 산성물 운반 파이프에 대한 시스템적 분석을 시작했다. 그리고 곧 이 산성 폐기물 운반 파이프 근처에 또 다른 폐기물을 운반하는 파이프가 설치되어 있다는 사실을 알아냈다. 이 파이프를 통해 배출되는 폐기물이란 바로 알칼리성 화학물이었다. 그런데 이 파이프 관련 부서에서도 문제가 있었다. 이곳에서는 알칼리성 폐기물을 처리하다 보니, 파이프 안에 시간이 지나면서 침전물이 쌓여 주기적으로 파이프를 청소해 주어야 했던 것이다. 이후 해결안이란 아주 간단했다. 이 두 개의 폐기물 배출 파이프를 서로 연결해 주기만 하면 되었다. 일 주일 기간으로 먼저 알칼리성 폐기물을 처리하고 난 후, 그 다음 일주일은 산성 폐기물을 처리했다. 이렇게 파이프 내부에 침전물이 쌓이면, 곧 산성물질이 이 침전물을 부식시켜 제거하였다. 중요한 것은 이 시스템에 거의 어떤 변경도 가하지 않았다는 것이다. 이렇게 산성 폐기물 처리 파이프 시스템에 거의 아무런 변화를 주지 않고도 부식 문제를 해결했다.

시스템적 사고는 기술 문제에만 해당되는 것은 아니다. 최근 들어 창의성을 연구하는 심리학자들과 교육학자들은 환경의 영향을 강조하고 있다. 최근의 많은 창의성 연구가 환경이 개인에게 미치는 영향의 관점에서 나오고 있다(개인의 창의성 발현에 중요한 조건으로서 시대와 문화의 영향을 설명하는 학자들도 많다).

개인의 삶 역시 관계들 속에서 성립된다. 세상은 고립되어 있지 않고, 그 속의 개인도 고립되어 있지 않고 상호 연관관계에 의해서 움직이기 때문이다. 따라서 우리 시스템이 어떻게 바뀌고 있는지, 시대가 어떻게 변하는지 그것을 읽고, 서로 어떤 연관관계가 있는지를 파악하는 것이 중요하다. 이것은 기술 세계에서 뿐만이 아니라 인간의 다른 활동 분야에서도 마찬가지이다.

한동안 많이 회자되었고 많은 사람들이 공감했던 《아웃라이어》라는 책에서 저자가 말하고 있는 성공한 사람들의 성공에 영향을 미친 요소를 요약하면 다음과 같다.

첫 번째는 10,000시간의 법칙이다. 이것은 어떤 사람이 성공하고 전문가가 되는데 만 시간의 노력이 필요하다는 것이다. 이는 한 분야의 전문가가 되기 위해서는 이 정도의 시간이 필요하다는 것으로, 개인의 능력, 실력, 혹은 전문적 지식 등을 가리킨다.

하지만 크게 성공한 사람들은 노력 외에 또 다른 성공의 요소를 가지고 있었다. 그것은 환경적인 요인이었다. 트리즈적 용어로 설명하자면, 두 번째는 상위 시스템 효과이다. 이는 혼자 열심히 노력한다고 되는 것이 아니라 환경이나 주위의 조건 등을 잘 파악하여 그 변화에 맞게 행동하는 사람들이 성공한다는 것이다. 개인의 노력도 중요하지만, 노력만으로는 부족하며, 상위 시스템, 즉 시대의 흐름과 시대의 움직임을 잘 포착하고, 동시에 상위 시스템의 영향을 잘 활용하는 것이 성공의 조건이 된다는 것이다.

이것은 결국 기술 시스템 뿐 아니라 인간 활동의 모든 영역에서 시스템이 상위 시스템과 어떤 연관을 가지고 있으며, 시스템이 성공적으로 작동하기 위해서는 시스템 자체만이 아니라 그 상위 시스템, 그 시대의 흐름과 상황을 잘 파악하고 적용해야 한다는 것이다.

따라서 모든 시스템을 독립된 시스템 단독으로 보아서는 안 되며, 상위 시스템과 하위 시스템을 동시에 보아야 한다. 그리고 이때 같이 고려해야 할 것이 있다. 바로 시스템의 시간적 변화이다.

2. 시간 관점에서의 시스템적 사고

시스템을 다룰 때는 하위 시스템, 상위 시스템 간의 상호 관계, 곧 공간의 관점과 함께 반드시 시간관점에서의 변화도 살펴보아야 한다. 즉, 시스템의 현재만을 보지 말고 과거와 미래의 관점에서도 동시에 보아야 한다는 것이다.

1) 미래의 관점에서 시스템을 본다는 것

로빈슨 크루소의 결정적 실수

우리에게 잘 알려진 다니엘 데포의 모험소설 로빈슨 크루소에 나오는 무인도에서의 일화이다. 로빈슨 크루소는 무인도의 한 가운데에서 커다란 나무를 하나 발견하고는 이 나무를 이용해 뗏목을 만들어 섬에서 탈출하고자 했다. 워낙 나무가

크고 두껍다 보니 이 나무를 잘라 뗏목을 만드는데 6개월이 걸렸다. 마침내 뗏목이 완성되었을 때, 미처 예상치 못한 문제가 발생했다. 이 뗏목이 너무 무거워서 도저히 해안가까지 끌고 갈 수가 없었던 것이다. 땅 아래 수로를 파서 옮겨보려 했지만 바닥은 거의 바위와 돌로 되어 있어 수로를 파는 것은 불가능했다. 다시 뗏목을 만들어 보고자 했으나, 이미 섬 안에서 적당한 나무를 찾을 수가 없었다. 그렇게 뗏목은 섬 한가운데 남겨졌고, 로빈슨 크루소는 그 후로 무려 28년의 시간을 무인도에서 보낸 후에야 지나가던 배에 의해 구조될 수 있었다.

여기서 로빈슨 크루소의 결정적 실수는 무엇이었을까? 만약 로빈슨 크루소가 뗏목을 다 만든 후의 상황에 대해서 조금만 생각을 해 보았더라도, 아마도 로빈슨 크루소는 나무를 벤 상태에서 그대로 굴려서 해안가까지 먼저 끌어 놓고 뗏목을 만들었을지도 모른다. 그랬다면 아마 28년 간의 무인도 생활이 필요 없었을 것이다.

이렇게 현재의 시스템을 다룰 때에는 미래에 어떤 결과를 가져 올 것인지를 반드시 고려하면서 접근해야 한다. 문제의 해결도 미래의 시각에서 검토해야만 실수를 하지 않게 된다.

사라진 늑대와 사슴의 떼죽음 간의 관계

다음은 캐나다의 한 야생 공원에서 발생했던 문제이다.

이 야생 국립 공원에서는 야생 사슴의 수를 늘리고자 하는 계획을 세웠다. 야생 공원 내의 먹이 사슬을 살펴보니 야생 사슴의 천적은 늑대였다. 따라서 관리 기관은 야생 사슴의 수를 늘리기 위해 늑대를 모두 없애버렸다. 그 후 약 3년간은 야생 사슴의 수가 증가했다. 그런데 3~4년이 지난 후부터 이 야생 사슴들이 떼로 줄어들기 시작했다. 오히려 늑대가 있었던 시기 보다 그 개체수가 더 줄었다. 문제가 발생한 것이다. 왜 이런 문제가 발생한 것일까?

늑대와 야생 사슴과의 관계에서 늑대는 야생 사슴의 천적이기도 했지만, 동시에 위생병의 역할도 하고 있었다. 늑대의 사슴 사냥에서 늑대에게 잡히는 것은 주로 약하고 병든 사슴들이었다. 적정 수의 사슴으로 먹이 생태계가 유지되면서 건강한 사슴들이 자라게 해준 것이었다. 그런데 늑대가 사라지니 병든 사슴이 죽지 않았고, 더군다나 사슴은 면역체계가 매우 약하기 때문에 쉽게 이 병에 전염되었다. 게다가 사슴이 줄지 않아 먹이 사슬도 깨져 버려 사슴들이 굶주리게 된 것이다. 결국 이런 사태가 발생하자 관리 당국은 다시 늑대를 사슴떼 사이에 풀어주어야만 했다.

결국 무엇인가를 개선하기 위한 작업을 그 시스템 간의 상호 관계를 제대로 파악하지 못하고 현재의 시점에서만 하게 된다면 더 큰 문제를 발생시킬 수 있다.

1장의 달 탐사선의 깨지지 않는 전구 개발 사례의 결과

1장에서 보았던 사례 2의 우주선의 전구 문제를 이 관점에서 살펴보자.

이 사례에서의 문제는 깨지지 않는 전구를 찾는 것이었다. 깨지지 않는 전구를 찾기 위해 여러 가지 시도와 실험을 해 보지만 모두 실패했다. 이 문제를 시간의 흐름에 따라 어떤 일이 발생할 것이며, 이때의 상호 관계는 어떻게 되는 것인지,

시스템적 관점으로 접근해 보자.

전구의 문제를 미래 시점에서 접근한다면, 이 전구라는 시스템은 우주선에 사용될 것이며, 이때의 상위 시스템은 달 표면, 달이 가지고 있는 조건이 된다. 이제 전구의 유리가 가지고 있는 기능을 생각해 보자. 전구의 유리는 전구 내부의 진공 상태를 만들어내기 위한 것이다. 이것은 지구의 대기에 포함되어 있는 산소로 인해 필라멘트가 산화되기 때문에 이를 방지하기 위해 진공을 만들어 유리로 보호하거나 불활성 가스를 넣기도 한다.

그런데 이 전구가 사용될 미래에서는 상위 시스템의 조건이 바뀌게 된다. 즉, 지구에서 달로 환경이 바뀌며, 달의 조건은 완벽한 진공이다. 따라서 이 상위 시스템에서는 굳이 전구의 진공 상태를 인위적으로 만들어 줄 필요가 사라진다. 전구의 유리는 깨져도 상관 없으며, 오히려 유리를 없애도 아무런 문제가 되지 않는다. 그런데 깨지지 않는 유리를 찾기 위해 많은 노력과 시간을 투자하여 시행착오를 거듭한 것이다.

광산 안에 꽉 들어차 있는 가스를 어떻게 빼낼 것인가

시스템적 사고의 부족으로 발생한 또 하나의 실제 사례이다.

광산에서 발생한 문제이다. 광산에서 쓸 수 있는 광석을 캐서 차량에 실어 정제하는 제련공장으로 간다. 광석 채취 과정에서 불필요한 흙을 광산 주위에 버렸다. 시간이 흘러 광산을 깊이 파내려 갈수록 운반 차량의 배기가스가 축적되고 빠져나가지 않아 문제가 발생하였다. 그러다 보니 광산 내부의 공기 환기를 위해 작

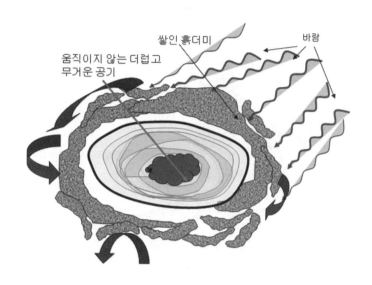

움직이지 않는 더럽고
무거운 공기

쌓인 흙더미

바람

광산에서의 통풍 문제(위에서 본 모습)

업이 몇 주간 중단되는 일이 생긴다. 얼마 파내려가지 않은 광산이라면 바람으로 환기가 되어서 큰 문제가 되지 않지만, 시간이 오래 되면 캐고 남은 흙이 주위에 그대로 쌓여서 큰 벽처럼 공기의 흐름을 막아 버렸기 때문이다.

이 문제 역시 미래의 결과를 미리 예측하지 못하고 당장 편한대로 행동했기 때문에 발생한 것이다. 만약 이런 결과를 예측하고 깊이 파들어간 광산에 바람이 잘 통하도록 하려면 광산의 구조를 어떻게 만들어야 하는가? 방법 중 하나는 흙더미들이 바람이 통하는 길을 막지 않도록 부채 모양으로 쌓아지도록 구조를 만드는 것이다. 이렇게 되면 바람이 불 때 내부에 회오리바람이 만들어져 연기처럼 가라앉은 무거운 공기를 위로 끌어 올릴 것이다. 이 방법은 러시아 특허를 취득한 것이다.

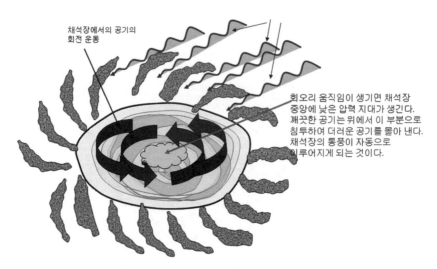

채석장에서의 공기의
회전 운동

회오리 움직임이 생기면 채석장
중앙에 낮은 압력 지대가 생긴다.
깨끗한 공기는 위에서 이 부분으로
침투하여 더러운 공기를 몰아 낸다.
채석장의 통풍이 자동으로
이루어지게 되는 것이다.

광산의 오염문제를 공기 통풍을 이용해 해결한 방법

결론적으로 미래 시점에서 문제를 파악한다는 것은 이미 발생한 문제를 해결하는 것이 아니라, 문제를 예측하고 예방한다는 의미가 된다. 내가 지금 실수하기를 원하지 않는다면, 미래의 관점에서 생각해 보라.

2) 현재의 시스템을 보는 관점

현재의 시스템은 항상 하위 시스템과 상위 시스템 간의 상호 작용 속에서 존재한다. 이 세계는 시스템적으로 이루어져 있으며, 무한대의 상위 시스템과 무한대의 하위 시스템으로 이루어져 있다. 그리고 모든 시스템은 서로 상호연관성을 가지고 있다. 따라서 이 중 하나에서의 변화는 나머지 모든 것의 변화를 초래한다.

엔진 개발자가 간과한 것은

러시아의 어느 트랙터 생산회사의 구형 엔진은 주철로 만들어져 너무 무거워 효율이 떨어지기 때문에, 이를 개선하기 위한 효율적인 엔진의 개발을 시작했다. 회사의 연구팀은 무거운 주철 대신 알루미늄 합금을 이용해 무게를 줄이기로 하였다. 그리고 이 알루미늄 합금 엔진의 효율을 높이기 위해 모스크바의 유명 기계 연구소와 합작하여 2년 동안 개발 사업을 진행했다. 이렇게 개발된 새로운 엔진을 새로운 모델의 트랙터에 설치하여 출시하였다.

그런데 시간이 얼마 지나자 불만 사항이 접수되기 시작했다. 엔진에는 아무 문제가 없으나, 트랙터 뒤에 조금만 무거운 짐을 연결하면 앞바퀴가 들리고, 쟁기를 물려서 힘을 주면 접지력이 약해진다는 것이었다. 이 문제를 분석해 보니, 예전의 주철 엔진은 무거웠기 때문에 이 무게로 접지가 가능했던 것이다. 그런데 이제 엔진의 무게가 가벼워져, 접지 기능이 떨어진 것이다. 업체는 어쩔 수 없이 이 문제를 해결하기 위해 앞부분에 주철 통을 만들어 임시로 설치하기로 했다.

위의 사례는 경량의 효율이 높은 엔진을 개발하는 문제에만 고정되어, 미처 다른 부분에서 발생할 수 있는 문제를 전혀 고려하지 못해서 발생한 문제이다. 실제 이런 문제들을 R&D 현장이나 산업 현장에서 쉽게 찾아 볼 수 있다. 문제에 직면하게 되면, 자신의 전문적 지식과 경험에 기반하여 이를 해결하려 하는데, 이런 접근은 사고의 폭을 좁히고, 정해진 방향으로만 사고가 흐르게 만들 수 있다. 모든 요소들이 상호연계된 관계 속에 있기 때문에 어느 한 요소의 변화는 다른 요소의 변화를 가져 온다. 이런 부분을 고려하지 않으면 다른 곳에서의 요소가 문제의 요인이 될 수 있다. 때문에 이 시스템적 사고를 가지고 시스템과 문제에 접근하는 것은 매우 중요하다.

툰드라 지대에 세워진 모기 동상의 진실

북극해의 카라해 부근에 야말반도가 있다. 이곳의 어느 공원에는 모기 동상이 세워져 있다. 이 모기 동상은 모든 사람들이 볼 수 있을 정도로 매우 크다. 이 지역의 사람들은 왜 이 모기 동상을 세웠을까?

이 질문을 사람들에게 던지면 여러 가지 대답들이 나온다. 예를 들어, 모기가 없기 때문에 모기가 어떻게 생겼는지 아이들에게 알려주기 위한 것이라는 의견도 있고, 모기가 아주 귀하기 때문에 일종의 숭배물이라는 의견도 있었다. 또 모기의 위험을 경고하는 의미라는 의견도 있었다. 과연 어떤 것이 맞는 것일까?

사람들은 이 질문을 받으면 대부분은 자신이 가지고 있는 경험이나 지식에 기초해서 생각한다. 북쪽 추운 지방이니, 모기가 없을 것이다라고 생각하기 때문에 이를 근거로 여러 가지 가설을 만들어 낸다. 그러나 이 문제를 내가 가지고 있는 지식과 경험을 벗어나 시스템적 관점에서 살펴 보면 전혀 다른 사실이 보인다. 야말 반도를 상위 시스템의 관점에서 접근해서 야말 반도의 조건에 대해 알아 보자.

실제로 이 야말 반도에는 모기가 엄청나게 많다. 이 지역에는 늪지대가 많기 때문에 짧은 여름 동안 모기가 엄청나게 번식한다. 또 하나 중요한 상위 시스템 정보가 있다. 이 지역의 주민들에게 옷과 음식을 제공해주는 아주 중요한 동물이 있다. 바로 순록인데, 이 지역에는 풀이 많지 않기 때문에 순록이 잘 자라기 위해서는 이 풀을 찾아 이동을 해야 한다. 그런데 순록의 습성 중 하나가 게을러서 잘 움직이지 않고 한 자리에만 머물러 있으려 한다는 것이다. 이렇게 되면 자칫 굶어

러시아 야말 반도의 노야브르스크 지역에 세워진 거대한 모기 동상

죽을 수 있다. 그런데 봄과 여름에 엄청난 무리의 모기떼가 나타나면 순록은 이 모기떼를 피해 계속 북쪽으로 달아나면서 광활한 툰드라 지대를 달리며 풀을 뜯어 먹는다. 결국 모기가 순록들을 풀이 있는 곳을 따라 이동하게 만들어 주는 역할을 하는 것이다. 따라서 이 지역 주민들에게 모기란 자신들의 생존을 위한 매우 필요하면서도 고마운 존재인 것이다. 모기 동상은 바로 이런 툰드라인들의 삶의 의미를 담은 것이라 한다.

　이것은 이 야말 반도라는 상위 시스템의 조건을 이해하지 못하면 알아내기 힘든 내용이다. 이처럼 어떤 시스템을 제대로 이해하기 위해서는 이 시스템을 이루고 있는 상위 시스템 그리고 하위 시스템의 요소들을 제대로 분석하고, 그 요소들 간의 연관 관계를 알아내야 한다.

3) 과거의 관점에서 시스템을 본다는 것

시스템이나 문제를 현재의 상태로만 보지 않고 시간의 흐름상에서 그 이전 과정의 연속으로 바라보아야 한다. 현재의 상태에만 매몰될 경우, 이는 문제로 인해 발생한 결과를 제거하려는 시도를 할 수밖에 없다. 그러나 가장 효율적인 문제해결은 결과가 아닌 근본 원인을 찾아 그 원인을 제거하는 것이다.

소형기어를 도금 라인에 설치하는 자동화 시스템의 문제

A사에서는 미세한 소형 기어를 전기도금하고 있다. 도금 과정을 살펴 보면, 전극 봉에 소형 기어를 잘 정리하여 장착한 후 욕조 안의 전해액 속에 집어넣고 전기도금을 한 후 다음 공정으로 진행한다. 그런데 이 공정에서 문제가 되는 부분은 초소형 기어를 전극 봉에 끼워서 라인에 설치하는 작업이었다. 워낙 톱니바퀴가 작기 때문에 수작업으로 진행되는 과정에서 너무 많은 시간이 소요되어 생산성에 지장을 주고 있었다. 이 회사는 이 문제의 해결을 위해 기어를 전극 봉에 끼우는 작업을 자동화 시스템으로 교체하고자 했다. 그러나 그 크기가 너무 작아서 안정적이지 못했고, 불량이 많아졌다. 이 문제를 어떻게 해결할 것인가?

이 문제는 시스템적 관점에서 분석하여 해결하였다. 기어를 전기 도금하는 현재의 시스템을 시간의 관점에서부터 살펴보았다. 현재 시스템인 전기 도금 과정의 전 공정을 살펴보았다. 이 업체는 이 기어를 외부에서 납품을 받고 있었다. A사에 납품하는 회사에 문의한 결과, 원통 파이프 가운데에 구멍을 뚫어 그곳에 메

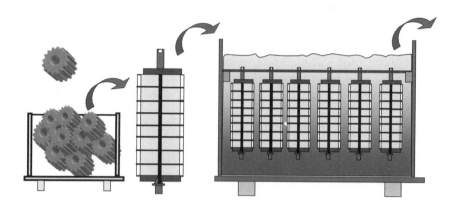

〈소형 기어의 전기 도금 과정〉

탈 바를 끼워서 커팅 장비에 설치한 후 일렬로 이동시켜 기어를 만든다. 그 후 이 메탈 바를 풀어서 일일이 기어를 분리한 후 포장해서 납품을 하는 것이다.

따라서 이 문제의 해결방법은 다음과 같았다. 이 생산업체에 메탈 바를 풀지 않고 메탈 바 그대로 A사에 납품해 줄 것을 요청했다. 생산업체의 입장에서도 메탈 바를 풀고 포장을 하는 공정을 없앨 수 있어 훨씬 좋은 조건이었다. A사의 경우는 아예 도금 전 끼우는 공정을 없앨 수 있어, 비용을 절감할 수 있게 되었다.

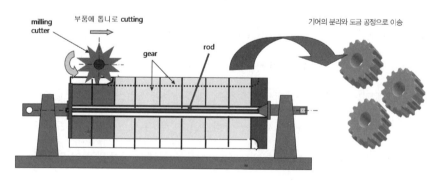

기어를 만드는 작업(도금의 이전 공정)

시스템을 과거의 관점에서 본다는 것은 문제의 근본 원인을 찾아서 근본 원인을 해결하라는 것이다. 시스템적 사고는 문제해결의 모든 단계에서 필요하지만, 그 중에서도 특히 문제 분석의 최초 단계, 즉 문제가 발생한 장소와 그 최초 원인을 찾아야 하는 단계에서는 무엇보다도 가장 중요하다.

3. 문제의 시스템적 분석

1) 연관 관계를 찾아라

모든 시스템은 상호 연관 속에서 존재하고 작동하고 있다. 분석이란 결국 이 시스템이 어떤 연관 속에서 작동하고 있는지, 그 관계를 알아내는 것이다. 그런데 이 시스템이 가지고 있는 상호 관계가 우리 눈에 바로 드러나 보이지 않는 경우가 많다. 그렇기 때문에 이런 연관 관계를 제대로, 정확히 밝혀내는 것이 뛰어난 분석의 비결이다.

문제가 발생했을 때 우리의 지식과 경험 그리고 기존의 사고를 기준으로 판단하면 언뜻 전혀 연관이 없어 보이는 관계이나, 그 속에서 밖으로 쉽게 드러나지 않는 상호 연관성을 찾아내 그 문제의 원인을 찾는 것이 분석의 단계에서 매우 중요하다.

남아프리카 공화국의 원시 부족과 나사의 스페이스 셔틀의 관계는?

남아프리카의 줄루 공화국에 살고 있는 원시 부족과 21세기 최첨단 나사의 스페이스 셔틀 사이에는 어떤 관련이 있을까? 언뜻 보면 아무런 관련이 있을 수 없을 것처럼 생각된다. 그러나 나사에서 스페이스 셔틀이 하나 발사될 때 마다 줄루 공화국은 영향을 받는다. 스페이스 셔틀은 많은 양의 전기가 필요하므로 효율이 좋은 축전기를 사용해야 한다. 이런 효율이 높은 축전기를 만들기 위한 전극 소재로 쓰이는 것이 플래티늄(Pt)이다. 나사가 플래티늄을 수입하는 나라가 바로 남아프리카에 있는 줄루공화국이다. 그러니까 스페이스 셔틀이 하나 발사될 때마다 줄루 공화국에게는 그 재료를 판 수입이 생기는 것이다. 만약 줄루 공화국에 큰 일이 생겨 플래티늄 생산에 차질이 빚어진다면, 나사의 우주 개발에도 문제가 생길 수 있다.

돼지구제역과 상추 농사의 상관 관계란?

2011년 우리나라에 불어 닥친 구제역 때문에 많은 돼지 농가가 큰 피해를 입었다. 그런데 이 돼지 구제역으로 인해 돼지 농가 뿐만 아니라 많은 채소 농가도 큰 피해를 입었다. 한 때 상추값이 kg당 4만원을 호가하던 시절이 있었다. 이때 큰 이익을 본 한 농가에서는 그 다음 해 땅을 담보로 대출을 받아서 크게 하우스 농사를 시작했다. 그렇게 2011년 상추를 팔려고 보니, kg당 4만원 하던 것이 채 2천원이 되지 않았다. 결국 농사는 망하고 큰 빚만 남게 되었다는 것이다. 그런데 이렇게 상추 값이 폭락한 것은 바로 돼지 구제역 때문이었다. 삼겹살 수요가 뚝 떨어져버리니, 덩달아 상추 소비도 떨어지게 되고 가격 폭락이 된 것이다. 그런데 이 돼지 구제역은 이미 2011년 이전부터 시작되었다. 방송을 통해 이런 뉴스가 퍼져 나갔지만 상호 연관관계를 깊이 생각을 하지 않고 일을 추진하여 이 농가는 큰 피해를 본 것이다. 일을 시작할 때 자신이 하고 있는 상추 농사가 세상의 흐름에 얼마나 큰 관계가 있는지 깊이 인식하지 못해서 발생한 문제이다.

목의 통증과 엄지 발가락 사이의 상관 관계란?

이렇듯 기술문제에서 뿐만이 아니라 비즈니스를 비롯한 모든 분야에서 시스템 간의 보이지 않는 관계가 어떻게 연관 되어 있는지를 정확히 파악하는 것은 중요하다.

또 하나의 사례는 러시아에서의 사례이다. 어느 환자가 목의 통증으로 병원을 찾았다. 병원에서는 목이 아프다니, 물리치료를 했다. 그런데 물리치료로는 낫지를 않았다. 다른 병원에서 검사를 해 보아도 아무 이상이 없었고, 약을 먹어도 차도가 없었다. 그렇게 여러 곳을 전전하다 찾아가게 된 병원에서 뜻밖의 치료로 낫게 되었다. 이 병원의 의사는 목이 아프다고 찾아온 환자가 약간 절뚝거리는 것을 보고, 그 이유를 물은 후 엄지 발가락을 치료했다. 그런데 이 엄지 발가락을 치료하고 나니 목의 통증이 사라진 것이다. 이 환자는 오른쪽 엄지 발가락을 심하게 다치면서, 이로 인해 걸을 때 몸의 무게가 왼쪽 다리로 쏠리면서 몸이 약간 왼쪽으로 기울게 되었다. 이렇게 오래 지내다 보니 왼쪽 다리의 고관절에 추가로 하중을 받게 되고 등과 턱의 근육이 이 하중을 견디기 위해 긴장을 하게 되었다. 그 결과 턱 부분과 연결되어 목까지 통증이 생긴 것이다. 이 환자의 문제는 증상이 나타났던 목의 치료가 아니라 그 통증의 근본 원인이 되었던 오른쪽 발가락을 치료함으로써 해결되었다.

이는 모든 문제의 해결에서도 동일한 원리이다. 문제가 발생했을 때는 그 문제의 증상을 완화하거나 개선하려는 노력보다는, 요소들의 상관관계를 찾아내서 그 문제가 발생한 근본 원인을 해결하려는 노력이 필요하다. 그리고 이때 시스템적 사고는 가장 중요한 도구가 된다.

2) 문제가 최초로 발생한 시간과 공간을 찾아라

문제의 근본 원인을 규명하기 위해서는 문제가 최초로 발생한 장소와 시간을 알아내는 것이 중요하다. 즉, 문제를 시간과 공간, 상호 관계의 관점에서 분석하며 문제의 원인을 찾아야 한다.

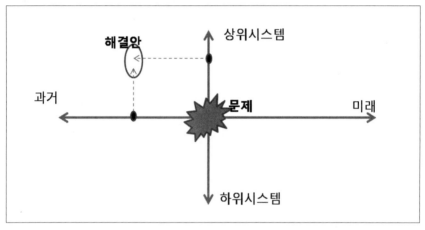

문제의 근본 원인 제거를 통한 문제의 해결

1장의 열처리 공장 사례의 결과

처음 1장의 사례 1의 열처리 공장에서의 문제를 다시 한번 살펴보자.

1장의 사례 1의 문제는 뜨겁게 달군 금속을 오일로 급랭시키는 과정에서 검은 연기가 발생한다는 것이었다. 이 문제를 해결하기 위해 환풍 시스템을 강화하였으나 효과가 없자, 검은 연기가 덜 생기도록 메탈 부품의 하강 속도를 높이려고

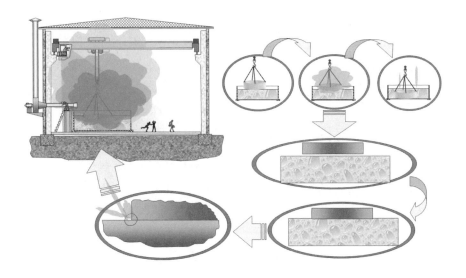

열처리 과정에서 검은 연기가 발생한 문제가 최초로 발생한 시간과 장소 및 근본 원인

시도했다. 그러나 이로 인해 전혀 예상하지 못했던 여러 가지 다른 문제들이 발생했다. 왜 이런 상황이 발생한 것일까?

이 열처리 회사의 엔지니어들은 문제의 원인이 아닌 결과의 개선에만 집중했다. 그렇다면 이 문제를 시스템적으로 분석해 보자.

문제는 연기가 발생한 것이다. 이 열처리 공정에서 연기가 발생하게 되는 과정을 시간적으로 분석해 보면, 가열로에서 높은 온도로 달궈진 금속 부품이 오일 욕조에 닿기 전과 바로 표면에 접촉되는 순간, 그리고 완전히 오일 속으로 잠기는 단계로 구분된다. 이 세 단계 가운데 연기가 발생하는 때는 뜨거운 금속이 오일 표면에 접촉되는 바로 그 순간이다. 그 전과 그 후, 즉 오일표면에 닿기 전과 오일 속에 잠기게 되면 연기는 발생하지 않는다. 따라서 뜨거운 금속이 오일 표면에 닿는 순간에 금속과 오일의 접촉면에서 문제가 발생한 것이다.[*] 그리고 이 부분이 분석의 대상이 된다.

뜨거운 금속이 오일과 접촉하여 검은 연기가 난다는 것은 결국 오일이 타버린 것이다. 무엇인가가 탄다는 것은 뜨거운 열과 연료, 그리고 산소가 결합하여 발생하는 물리적 현상이다. 즉, 뜨겁게 달궈진 금속이 오일에 닿을 때 산소가 결합되어 오일이 타게 되고 그 결과 검은 연기가 발생한 것이다. 이것이 문제를 발생시킨 근본원인이 된다.

따라서 이 문제의 해결은 근본 원인의 제거, 곧 산소의 접촉을 차단하거나 제거하는 방법을 찾으면 되는 것이다. 당시 이 문제의 해결을 의뢰 받았던 트리즈 전문가는 마침 작업장 안에 있던 소화기로 가스를 오일 표면에 뿌려서 산소를 차

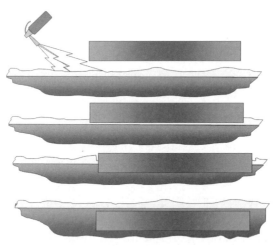

트리즈 전문가가 원인분석을 통해 제안한 해결 방법
아이디어를 증명하기 위해 소화기를 이용해 산소 결합을 차단시켰다.

---

[*] 트리즈에서는 이렇게 문제가 발생한 시간과 장소를 각각 operating time과 operating zone으로 정의한다. 문제 분석의 핵심은 바로 이 operating time과 operating zone을 규명하고, 이 공간과 이 시간에 어떤 요소들의 상호 연관성들이 문제를 일으키고 있는지를 밝히는 것이다.

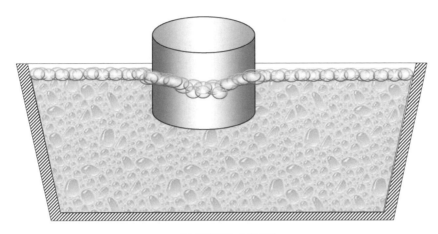

실제 적용된 해결 방법
세라믹 볼을 오일 표면에 뿌려 놓아 공기를 차단한다

단하여 연기가 발생하지 않도록 만들어 문제를 해결할 아이디어를 보여 주었다.

실제로는 기공이 있는 가벼운 세라믹 볼을 오일 욕조 위에 뿌려 놓아 공기를 차단시켜 산소와의 결합을 제거하는 방법을 채택했다.

문제는 과거의 어떤 실수나 요인으로 인해 현재 발생된 결과이다. 그러나 사람들은 현재의 시스템에만 익숙해져 있어서 현재의 시점에서 모든 것을 보려고 한다. 과거의 시점에서도 보아야 하며, 동시에 미래의 시점에서도 보아야 한다. 이런 시간의 관점에서 각각의 요소들이 어떤 상호 연관성을 가지고 있는지를 규명하는 분석이 중요하다.

문제란 과거의 실수이기도 하지만, 미래의 관점에서 접근하지 못한다면 새로운 문제를 발생시킬 수도 있다. 따라서 최소한 9개의 관점으로 시스템과 문제를 접근하는 시스템적 사고와 분석이 문제의 해결에 있어 효율적이며 창의적인 아이디어를 만들어내는데 매우 중요한 열쇠가 된다.

4. 시스템적 사고를 위한 훈련
— 병아리를 엄마 품으로 안전하게 보내줄 방법은?

이 문제는 언뜻 보면 아주 유치하고 단순하게 보일지 모르겠다. 그러나 매우 어려운 문제이다. 매번 시스템적 사고의 강의 마지막에 이 문제를 제시하는데, 이 문제를 제대로 해결하는 사람들은 매우 드물었다. 이 책에서는 이 문제의 해답을 공개하지 않았다. 스스로 이 문제에 대한 해답을 찾기 위해 시스템적 사고를 작동해 보기를 권한다. 시스템적 사고를 이해했다면 아주 쉬운 문제이다.

알에서 갓 태어난 어린 병아리가 갑자기 위험에 처했다. 병아리의 다급한 소리에 어미 닭이 나와 보니, 개울 건너에 어린 병아리가 혼자 안절부절하고 있는 것이었다. 어미 닭은 당황했고, 어찌해야 할지 알 수가 없었다.

어떻게 하면 이 병아리를 어미 닭의 품으로 안전하게 보내줄 수 있을까? 아래 그림에는 이 문제를 해결할 수 있는 모든 정보가 들어있다. 이 정보들을 시스템적 관점을 가지고 살펴보고 정보들 사이의 연관성을 찾아내기만 하면 쉽게 문제를 해결할 수 있다.

문제상황 – 개울 건너 병아리를 어미 닭에게 안전하게 보내줄 수 있는 방법은?

3장

창의적 문제 해결의 두 번째 열쇠

자원

1. 자원의 이해

– 모든 것은 활용될 수 있다

1) 자원의 정의

시스템적 사고 이상으로 트리즈가 가지고 있는 굉장히 중요한 개념이 자원이다. 어떻게 해결안을 경제적으로 창의적으로 만들어내느냐는 자원을 얼마나 잘 활용하느냐와 결부된다고 해도 과언이 아니다. 자원이라는 것이 어떤 의미인지 이해하기 위해서 먼저 한 가지 사례를 가지고 설명해 보자.

사례: 스키 링크의 빙면 만들기

구 소련시대 연방 공화국을 구성한 15개 국가가 모여 겨울 스포츠 축제를 벌였다. 한번은 러시아의 시베리아 도시에서 이 행사를 추진하기로 결정했다. 위원회가 구성되고 전략을 짜는 과정에서 스키 링크를 잘 만들기 위해서는 눈 위에 물을 잘 뿌려서 약간의 얼음 층이 있어야 한다는 것을 알게 되었다. 그래야 스키가 빠지지 않고 얼음 층으로 인해 마찰력이 줄어 들어서 좋은 기록을 가지게 된다. 위원회에서 개최지 주위에 있는 개천에서 물을 끌어서 표면에 뿌려 얼음 층을 형성하여 최고의 스키장을 만들기로 했다.

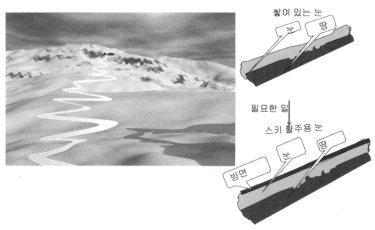

최고의 스키장을 만들기 위해서는 표면에 얇은 빙면을 만들어내야 한다

이를 위해 위원회는 여러 가지 작업을 진행했다. 펌프도 설치하고 물을 끌어올릴 파이프라인을 설치하였고, 멀리서 전기도 끌어왔다. 예산은 많이 들었지만 그

강가에 펌프 설치

파이프 설치

전기 공급

래도 좋은 겨울 스포츠 축제를 개최하기 위해서 많은 노력을 했다. 겨울이 다가오고 본격적으로 물을 퍼 올려서 스키 링크를 만들려고 했다.

그런데 그해 겨울이 예상보다 많이 추웠고 물을 끌어 올리는 과정에서 점점 차가워지더니 2/3 지점에서 얼어버리게 되었다. 예산은 다 투자해서 설비는 완성하였는데 막상 시작을 앞두고 좋은 링크를 만들지 못하는 심각한 상황이 되었다. 이 문제를 어떻게 해결할 것인가?

문제상황: 겨울이 되어 스키장을 만들려고 하니 파이프의 물이 어는 문제가 발생

이 문제의 경우 핵심적인 일은 눈 위에 약간의 얼음 층을 만드는 것이다. 얼음 층을 만들기 위해 물이 필요했다. 이때 사람들은 상식적으로 주위 개천에서 물을 가져올 생각을 했고, 필요한 장비를 구축하였다. 이는 일반적으로 이루어지는 전형적인 사고방식이다. 지식과 경험에 비추어 필요하고, 좋은 장비를 구입하여 문제를 해결하고자 한다.

그러나 트리즈에서는 이와는 다르게 접근한다. 어떤 목적을 달성하기 위해, 문제를 해결하기 위해 시스템이 가지고 있는 자원을 활용하라고 권고한다.

트리즈적 문제해결 방법 – 시스템 내에 필요한 자원이 있는가?

먼저 스키장 안에 우리에게 필요한 물이 있는지 찾아봐야 한다. 눈으로 덮힌 스키장에서 필요한 물을 찾는 것은 아주 쉬운 일이다. 왜냐하면 눈을 녹이면 바로 물이 되기 때문이다. 이 문제를 해결할 수 있는 좋은 방법은 눈의 표면을 조금 녹여 물을 만들어 주면 된다. 실제 이 문제는 트리즈 전문가가 쉽게 해결했는데, 현장에서 쉽게 구할 수 있는 금속판 위에 불을 피워서 스노우 스쿼터를 끌고 올라가 천천히 돌아다녔다. 그리고 동계 스포츠 축제를 멋지게 치루게 되었다.

일반적으로 어떤 문제를 해결하고자 할 때 평소 해왔던 습관과 경험에 의존한

문제의 해결 – 주위의 눈을 녹여 물을 만들어낸다

방법으로 문제를 풀려고 노력하는데, 그것보다 중요한 것은 자원을 활용하는 방법을 아는 것이다.

자연 속에서의 자원 활용

자원이란 우리가 다루는 시스템 자체나 그 주변에 있는 모든 것으로, 문제 해결에 활용될 수 있는 것이다.

자연 속의 동식물들은 생존을 위해 자원을 활용하는 능력을 가지고 있다. 독수리가 타조알을 깨어 내용물을 먹고자 할 때 타조알이 굉장히 딱딱하여 잘못하면 부리가 깨지는 경우가 발생한다. 독수리는 영리하게도 돌을 이용해서 타조알을 깨서 먹는다. 호주 사막지역에 사는 쥐는 강수량이 적어 물이 없는데도 살아가고 있다. 동물은 물을 마시지 않고는 살아 갈 수 없는데, 쥐는 어떻게 생존할 수 있는가? 쥐는 씨앗이나 열매를 모래 밑에 살짝 묻어 놓는다. 그래서 밤이 되면 일교차로 인해서 모래에 이슬이 맺히고, 생명체인 씨앗은 그 물을 흡수하게 되고, 쥐는 그 씨를 먹음으로써 수분을 흡수한다. 이렇듯 자연의 동물들은 굉장히 지혜롭게 환경에 있는 여러 가지 자원을 이용해서 생존한다.

철새들의 여행모습은 예전 사람들에게 신비였다. 수천 킬로미터를 어떻게 지치지 않고 날아가는가? 과학자들에 의해 밝혀진 사실은 철새가 아주 지혜롭게 자원을 활용한다는 것이다. 새가 상공으로 올라갈 때는 굉장히 힘이 들지만 막상 올라가면 적은 에너지를 이용해 이동할 수 있다. 그리고 앞에 있는 새들과 대형을 이루어서 저항을 최대한 낮춰서 날아간다. 그래도 힘들기 때문에 고도가 떨어지는

데 그때는 상승기류가 발생하는 지역으로 들어가서 상승기류를 통해 다시 쉽게 상공으로 떠오르게 된다. 자연속의 상승기류를 이용하여 창공으로 떠오르며 새들이 계속해서 비행하는 것이다. 대양을 건널 때는 새들이 바위섬을 거쳐 날아가는 것을 목격하게 된다. 그 이유는 바위가 태양열에 의해 달궈져서 그 바위섬 근처에 상승기류가 발생하기 때문이다. 이와 마찬가지로 뛰어난 파라슈트나 행글라이더 전문가들도 오래 날기 위해서 상승기류를 이용한다.

사막 도마뱀이 알을 낳게 되면 일정한 온도를 유지해야지만 부화가 된다. 그런데 사막에서 일정한 온도를 유지하기란 어렵다. 그래서 도마뱀은 흰 개미집을 이용한다. 흰 개미집은 뛰어난 냉난방 환풍 시스템을 가지고 있어서 사막에서도 온도가 일정하게 유지된다. 그래서 그 안에 알을 낳아 안전하게 부화가 되도록 한다. 이처럼 자연 속에 생존해서 살아가는 동물들은 뛰어난 자원을 이용하는 지혜를 가지고 있다.

기술 시스템 안에서의 자원 활용

인간의 기술개발 발전 속에서도 자원을 이용하는 지혜를 볼 수 있다. 원가를 절감하고 부품의 개수를 줄이기 위해 무엇인가 그 기능을 대신할 자원을 찾아서 그 기능을 전가시킨다. 예를 들면, 예전에는 자동차에 안테나를 따로 설치해 라디오를 들었지만, 현대는 전자기파를 수신하는 안테나 기능을 후면 유리창에 설치된 열선이나 윈도 브러쉬가 대신하고 있다. 이처럼 과거의 안테나는 기능을 다른 곳에 전가하고 사라졌다. 기존에 있는 자원을 이용하면 부품수를 줄이고 원가를 절감시킬 수 있다.

자원 활용의 예 – 과거 자동차에는 안테나가 설치되어 있었으나, 현대에 안테나의 기능을 다른 부품이 대신하고 있다. 안테나는 사라졌다.

원통 안에서 회전운동을 하며 표면 마찰력에 의해 도정되는 오래된 쌀 정미기에서 생긴 문제가 있다. 통 안에서 쌀이 어느 정도 정미되었는지 알 수 없어서 원통 표면에 작은 창문을 만들었고 중간 중간 원통을 세워 안의 내부를 보고 벼가 정미된 정도를 판단하였다. 그런데 원통을 여러 번 세우지 않고 쌀의 정미된 상태를 판단할 수 있는 방법은 없을까? 복잡한 광학 시스템을 내부에 구축할 수도 있다. 하지만 단순하고 좋은 방법은 시스템이 가지고 있는 자원을 찾아 이용하는 것이다. 원통 정미기가 돌아갈 때 내부에서 쌀이 부딪혀 정미되며 소리를 내게 된다. 이 소리를 분석하여 벼의 정미 정도를 알 게 된다.

소리 측정 및 분석기

원통 안에서 쌀 도정의 정도를 알고자 할 때 세워서 안을 보지 않고 소리를 이용해 도정 상태를 알아낸다

특별한 잭이 없이 자동차 배기가스를 이용해 차를 들어올리는 방법

　자동차를 들어 올릴 때는 특별한 잭이 필요하다. 하지만 특별한 잭이 없어도 차를 들어 올릴 수 있는 방법을 개발하였다. 자동차 배기가스를 이용하여 쉽게 차량을 들어 올릴 수 있는 재미있는 풍선식 장비가 개발 되었다.

　이처럼 시스템의 문제를 다룰 때 활용할 수 있는 모든 것을 자원이라 부른다. 자원을 잘 찾아 그것을 이용하여 문제를 해결할 수 있는 능력은 창의적 문제해결을 위한 핵심 요소이다.

2) 자원의 종류

자원을 보다 효율적으로 활용하기 위해 트리즈에서는 자원을 시간, 공간, 물질, 장으로 구분하고 있다.

시간 자원

시간은 중요한 자원이 된다. 어떤 프로세스가 진행될 때, 그 프로세스 이전의 시간, 그 이후의 시간에는 어떤 과정이 있는지 살펴야 한다. 어떤 시간을 활용할 수 있는지, 언제 필요한 작용을 시행해야 하는지 주의깊게 관찰하고, 그에 맞는 시간을 활용해야 한다. 시간의 자원을 활용하는 좋은 예로는 레미콘이 있다. 콘크리트 제조회사에서는 레미콘을 이용하여 회사에서 시멘트와 물과 돌을 넣고 건축 현장으로 가는 시간을 이용하여 혼합한다.

건축 현장으로 이동하는 시간을 활용하여 콘크리트를 혼합한다

공간 자원

공간 자원에는 시스템 자체 혹은 상위 시스템, 하위 시스템에 존재하는 모든 공간이 해당된다. 문제를 해결하고자 할 때는 그 공간(부피, 면적 등)을 잘 이용해야 한다.

기름을 채취하는 원유 시추 해양 플랜트를 설계할 때 발생한 문제이다. 해저에 관정을 뚫고 유정관에 파이프를 박아 기름 채굴이 시작되면 유정관 파이프를 잠글 수 없다. 잠그면 유정관이 막히기 때문에 항상 쉬지 않고 채굴은 계속되어야 한다. 그런데 이 기름의 보관이 문제가 된다. 즉, 유조선이 도착해 있으면 채굴한 기름을 실어 내면 되지만, 유조선이 없을 때는 채굴한 기름을 어딘가에 저장해야 한다. 이를 위해서는 큰 저장 탱크를 만들어야 했다. 이때 한 설계자가 좋은 아이디어를 냈다. 원유 시추 플랜트 시스템을 구성하고 있는 기둥의 내부 공간을 활용하는 것이었다. 그래서 설계를 할 때 기둥을 크게 만들어서 기름을 채굴할 때 그 기둥에 넣어뒀다가 유조선이 왔을 때 그 기름을 옮겨 싣도록 했다.

채굴한 기름을 플랜트 기둥의 내부 공간에 저장한다. 다른 저장 탱크는 필요없다.

물질 자원

물질 자원이란 시스템 혹은 상위 시스템, 하위 시스템에 존재하는 모든 물질을 의미한다. 문제를 해결하고자 할 때는 외부에서 새로운 것을 도입하기보다 먼저 내부에 있는 물질을 이용하는 것이 필요하다.

그리스 신화에 나오는 헤라클레스와 얽힌 재미있는 이야기가 있다. 펠로폰네소스반도 서쪽 엘리스 왕 아우게이아스에게는 무려 3천 마리나 되는 소가 있었는데 몇 년 동안이나 외양간 청소를 하지 않아 소똥이 쌓여 악취가 심했다. 그래서 세상 사람들의 불편이 극심했다. 아우게이아스 왕은 헤라클레스에게 외양간을 하루 만에 말끔히 청소해 주면 큰 상을 주기로 약속했다. 왕은 헤라클레스가 장사이지만 하루 만에 이 큰 외양간을 청소한다는 것이 불가능한 것을 알았고 헤라클레스를 골탕먹여 주고자 했던 것이다. 그런데 헤라클레스는 하루 만에 외양간을 깨끗이 청소하였다. 그는 주위에 흐르고 있는 두 개의 강 —아르페이오스, 페네이오스—을 끌어들여 쉽게 청소를 한 것이었다. 신화의 이야기지만 문제를 해결할 때 주위에 있는 물질을 잘 이용하여 해결한 재미있는 사례라 볼 수 있다.

다음은 물질 자원을 활용하여 문제를 해결한 실제 산업에서의 사례이다. 시베리아 바이칼 호수 주위의 지하에서 채취한 암염을 가공하여 판매하는 작은 공장이 있었다. 암염이 일반 소금에 비해 몸에 좋다는 소문이 나면서 가내 수공업 회사가 번창하기 시작했다. 회사는 암염 분쇄기를 설치하여 자동화 시스템을 구축하길 원했다. 장비는 특별히 제작된 작은 기둥들 위에 설치되어야 했는데, 무거운 장비를 들어 올려서 준비된 작은 기둥들 위에 설치할 수 있는 기중기가 없었다. 장비를 분해하여 정해진 위치에서 재조립 하는 것도 불가능 했다. 어떻게 이

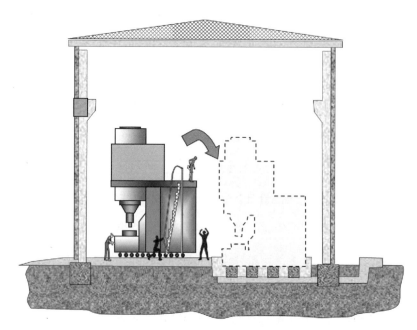

문제상황 – 잘못 설치해 놓은 장비를 옮겨야 한다

장비를 제대로 설치할 수 있을까?

트리즈 전문가들은 이 회사에 있는 암염을 이용해서 해결했다. 작은 기둥들이 있는 빈 공간에 암염을 붓고 그 위에 물을 조금 뿌렸다. 암염은 물에 의해 서로 강하게 결합되어 얼음처럼 변화 되었고 무거운 장비를 밀고 가서 필요한 위치에 올려놓을 수 있었다. 그 후에 물을 이용해 암염을 녹여 제거하니, 장비는 제 자리에 제대로 설치되었고 문제는 해결 되었다.

이처럼 문제를 해결하고자 할 때 시스템 내부에 있는 물질이 무엇이 있는지를 먼저 규명하고 이 물질을 이용하면 효과적인 해결안을 찾을 수 있다.

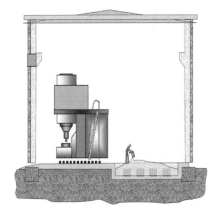
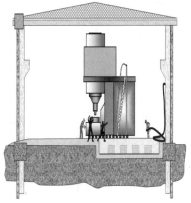

장비가 들어갈 구멍 안으로 암염을 붓고 물을
약간 뿌리면 암염이 단단하게 굳는다

구멍을 암염으로 단단하게 채운 후 장비를
굴려서 옮기고 물을 다시 부어, 암염을 녹인다

장^{Field}의 자원

장^{field} 자원은 트리즈에서 특별한 의미를 가진다. 물리학에서 일반적으로 장은 중력장$^{gravitational field}$, 전자기장$^{electromagnetic field}$, 약핵장$^{weak nuclear force}$, 강핵장 $^{strong nuclear force}$을 말한다.

그러나 트리즈에서 말하는 장은 일종의 기술에 관련된 장을 일컫는다. 공학적으로 쉽게 이해하고 활용할 수 있도록 만든 물질 간의 상호 관계, 물질 사이에 작용하는 힘 혹은 에너지를 의미한다. 장의 종류는 기계장$^{mechanical field}$, 소리장$^{acoustic field}$, 열장$^{thermal field}$, 화학장$^{chemical field}$, 전기장$^{electrical field}$, 자기장 $^{magnetic field}$, 전자기장$^{electromagnetic field}$이 있다. 앞자를 따서 보통 MATCEM이라 부른다. 이러한 장에 속하는 각각의 구체적인 내용은 다음과 같다.

장^{Field}	종류
기계장 Mechanical	중력, 충돌, 마찰(력), 접촉^{direct contact}
	진동, 공명, 충격, 파동
	가스/유체 역학^{Gas/Fluid dynamic}, 바람(풍력), 압축^{compression}, 진공
	기계적 작용(가공, 드릴링 등)
	변형, 혼합(기계적 작용을 위한), 첨가물, 폭발
소리장 Acoustic	음성(가청소리20~15,000hz), 초음파, 초저주파(불가청음), 캐비테이션
열장 Thermal	가열, 냉각, 단열, 열팽창
	상^{Phase/state} 변화, 흡열 반응, 발열 반응
	불, 열복사, 대류^{convection}
화학장 Chemical	화학반응, 반응물질, 화학물질, 화합물
	촉매, 억제제, 지시약(PH)
	용해, 결정화, 중합화^{polymerization}
	냄새, 맛, 색변화, PH 등.
전기장 Electric	정전하, 전도체, 부도체
	전기장, 전류
	초전도성, 전기분해, 압전현상(효과)
	이온화, 방전 스파크
자기장/전자기장 Magnetic/Electro-magnetic	자기장, 자성물질, 자기유도^{induction}
	전자기파(X-ray, Microwaves 등)
	광학, 시력, 색/투명도 변환(투명, 반투명), 영상

기계장이라는 것은 중력, 충돌, 마찰, 접촉, 진동, 공명, 충격, 프레스, 압력 등과 같은 기계적 작용을 말한다.

소리장은 기계적 진동에 의해 발생하는 현상이지만 특별한 공학적 중요성을 가지고 있어서 따로 분류를 한다. 소리장에는 인간이 들을 수 있는 진동수가 20~15,000Hz 정도 되는 소리가 있고, 20Hz 이하의 낮은 주파수를 가진 소리는 사람은 듣지 못하지만 개나 고양이는 들을 수 있다. 예전 60년대 중앙아시아 타쉬켄트에 대지진이 밤에 발생하였는데, 당시 예측 시스템이 없어 도시가 완전히 붕괴되고 많은 사람이 사망했다. 그런데 가정에서 애완용으로 기르던 개와 고양이는 초저주파로 전달되는 지진의 소리를 듣고 주인과 함께 피난을 하여 생존한 사람들이 있었다. 15,000Hz 보다 주파수가 큰 것은 초음파로 공학적으로 아주 다양하게 활용하고 있다.

열장은 가열, 냉각 및 열로 인한 다양한 현상들을 말한다. 화학장은 문제해결에 필요한 화학반응을 이용하기 위해 트리즈에서 실용적 측면에서 하나의 장으로 분류를 했다. 전기장, 자기장, 전자기장은 일반 물리학에서와 같은 개념이다.

3) 장(MATCEM)의 활용

트리즈에서 정의하고 있는 독특한 개념인 MATCEM은 현상을 분석하거나, 필요한 기능을 만들어 낼 때 유용하게 활용된다. 익숙하고 고정된 하나의 분야가 아니라 체계적으로 모든 가능한 분야를 다 활용할 수 있도록 도와준다.

MATCEM을 이용해 암치료제를 개발한다면?

예를 들어, 암 세포를 치료(제거)하는 방법을 연구한다고 생각해 보자. 각자 자신의 경험과 지식을 바탕으로 아이디어를 만들어 낼 수 있지만 MATCEM을 생각하고 기계장부터 전자기장에 이르기까지 체계적인 접근을 하는 것이 다양한 아이디어를 발굴하는데 도움이 된다.

기계장을 이용하는 것으로 수술을 통해 암세포를 제거하는 방법이 있다. 초음파와 같은 소리장을 이용한 치료도 가능하다. 열장은 가능한가? 암 세포는 일반 세포에 비해 열에 약하다는 것이 밝혀졌다. 그래서 암세포에 철분 성분이 있는 약을 투여하고 외부에서 전자기파로 국부적으로 열을 발생시켜 치료하는 방법을 이용할 수 있다. 열을 이용한 방법은 실제로 연구가 되고 있다. 화학장을 이용하는 약물 치료법은 오랫동안 이미 사용하고 있는 방법으로, 지금도 전문가들이 암세포를 효율적으로 제거하고 정상 세포에는 영향을 덜 줄 수 있는 의약품 개발에 노력하고 있다. 전기장을 이용하는 방법도 가능하다. 고압의 전기를 이용하여 암세포를 죽일 수 있다. 일반적인 수술처럼 개복하여 암세포를 제거하지 않고, 가는 전극을 삽입하여 고압의 전기 에너지를 가해 암세포를 죽이기 때문에 수술후 환자의 회복속도가 훨씬 빠르다. 전자기장 활용은 현재 고에너지의 방사능을 이용한 치료가 활발히 진행되고 있다.

암 치료 역사를 보면 많은 시간을 두고 새로운 방법들이 개발되어 왔다. 그러한 모든 방법은 MATCEM을 이용한 해결안이다. 지금 암세포 치료법 연구가 시작된다면 우리는 MATCEM을 이용하여 각 분야 전문가와 같이 체계적으로 치료법을 짧은 시간에 찾아낼 수 있다. 이처럼 우리가 어떤 새로운 분야에서 방법을 찾을 때 MATCEM은 우리가 체계적인 연구를 할 수 있도록 도와준다.

온도를 측정하는 여러 가지 방법들

측정을 할 때도 MATCEM을 이용할 수 있다. 예를 들어, 온도를 측정하는 몇가지 방법을 찾아보자. 열에너지는 원자와 분자를 활성화시켜 기체에서는 압력을 변화시키고, 액체나 고체에서는 부피를 팽창시킨다. 따라서 기계장인 압력이나 부피 변화를 통해 온도를 측정할 수 있다. 온도에 따라 색이 변하는 페인트를 이용한다면 화학장을 통해서도 온도를 측정할 수 있다. 서로 다른 금속선을 접합시켜 고온의 장소에 놓으면 두 금속선 사이에 전위차가 발생$^{Seebeck\ effect}$한다. 이 원리를 이용하여 온도를 전위차, 즉 전기장을 이용하여 측정할 수 있고, 이런 온도계를 열전소자^{thermocouple}라고 부른다. 열을 가지고 있는 물체에서는 그 온도에 따라 특정 파장의 전자기파를 방출한다. 따라서 전자기파를 가지고 온도를 쉽게 측정할 수 있다. 신체의 온도를 측정하는 데 활용하는 적외선 열상 카메라는 좋은 예가 된다.

MATCHEM 활용 문제 – 잘 익은 수박을 제대로 고르는 방법은?

수박을 잘라보지 않고 익은 상태를 알기 위한 방법으로 어떤 것이 있을까? 보통은 수박꼭지의 모양을 보거나 톡톡 두드려 본다. 그런데 이 방법 외에 다른 방법들이 있을까?

MATCEM 장을 이용하면 다양한 아이디어를 얻을 수 있다. 먼저 기계장을 활용하면 수박의 형태가 바뀌는 정도 또는 당도에 따라 변하는 밀도를 측정하는 방법도 가능하다. 손으로 눌러보아 기계적 강도를 통해서 수박의 익은 상태를 판별한다.

수박이 잘 익었는지 알아 볼 수 있는 방법에는 어떤 것들이 있을까?

소리장은 시장에서 사람들이 두드려 소리를 들어보며 일반적으로 사용하고 있다. 이 원리는 내부의 물이 설탕으로 변하면 내부 조직에 변화가 생기게 되어 당도가 증가하는데, 이에 따라 소리의 진동수가 작아져 둔탁한 소리가 난다는 것을 이용한 것이다.

잘 익은 수박의 당도는 12~13% 정도이다. 따라서 수박의 익은 정도에 따라 물에 대한 당의 농도차이가 생기고 다른 열용량을 갖게 된다. 이론적으로 수박의 비열을 측정하면 익은 정도를 알 수 있다. 화학장은 수박의 당도를 분석하면 쉽게 알 수 있다. 그러기 위해서는 수박 내부의 액체를 채취해야 하기 때문에 수박을 자르지 않고 알아낸다는 조건에 맞지 않다. 하지만 내부 당도를 측정하지 않더라도 외부 표면이나 수박 꼭지의 화학 성분도 당도에 따라 조금은 다른 성분을 갖기 때문에 알아낼 수 있다.

전기 전도도는 화학성분 차이에 따라 다르다. 수박의 전기 전도도를 측정하면 이론적으로 수박의 익은 정도를 밝혀낼 수 있다.

전자기장인 빛이나 색깔을 이용해서도 충분히 수박의 익은 정도, 당도 차이를 측정할 수 있다.

4) 물질과 장의 결합

물질과 장은 중요한 자원이며 또한 서로 결합하여 다양한 현상을 만들어 낸다. 예를 들어, 물에다 장을 결합시키면 어떤 결과를 얻을 수 있는지 생각해 보자.

물(H2O) + MATCHEM = ?

물과 기계장이 결합되면 물의 중력을 이용하여 전기를 만들어 낸다. 압력장을 결합시키면 엄청난 파괴력을 가지고 돌을 깰 수 있으며 심지어는 금속을 자르는 장치를 만들 수 있다. 물과 초음파장이 만나면 주파수에 따라 상온에서 물 분자가 끊어져 수증기로 변화되기도 하고 물속에 있는 공기 방울을 밑으로 가라앉게 만들기도 한다. 일반적인 상식을 뒤엎는 현상들이 만들어진다.

물에 열장을 가하면 물은 고체나 기체로 상변화를 하며 다양한 현상을 연출해 낸다. 예를 들어, 물이 얼음으로 변할 때 부피가 팽창되며 바위를 깨어 풍화작용을 만들기도 하고 비와 눈과 같은 기상현상들을 만들어 낸다.

물에 화학장을 결합시키면 용융반응을 비롯한 온갖 다양한 화학반응을 연출해 낸다.

전기장을 결합시키면 물은 전기를 전달하는 전도체로 작용할 수도 있고 전기분해를 통해 수소와 산소를 만들어 낸다. 가장 가연성 있는 수소와 산소로 구성된 물이 불을 끄는데 사용된다는 것은 재미있는 일이다.

용기에 두 개의 전극을 넣고 방수포와 같은 막으로 분리하면 음극쪽에 수소이온이 모여 산성용액이 되고 양극쪽엔 수산화 이온(OH)이 모여 알카리 용액이 된다. 물을 이처럼 전기장을 이용해 극성화 시키면 반응성이 강해져서 정화능력을 향상시키기도 하고 콘크리트 제조시 훨씬 경도가 좋은 특성을 얻을 수 있다.

물에 자기장을 결합시키면 물이 자화되어 식물의 성장을 촉진시키고 보일러의 앙금이 생기지 않게 한다. 이러한 현상은 이론적으로 설명이 되지 않지만 실제로 나타나는 자기장의 영향이다.

중요한 것은 자원을 활용할 때 시간, 공간, 물질, 장을 독립적인 자원으로 생각해서는 안 된다는 것이다. 이러한 자원들이 서로 결합되어 다양한 현상을 만들어 낼 수 있다는 것을 염두에 두어야 한다. 세상의 모든 자연 현상은 시간과 공간 속에 물질과 장이 결합되어 변화되는 과정이며, 공학이란 이런 현상을 이용해서 인간에게 필요한 시스템을 개발하는 것이다.

그리고 또 한 가지 중요한 점은 물질-장 결합은 새로운 장을 만들어 낼 수 있다는 것이다. 예를 들면, 압전재료와 전기장이 만나면 진동이라는 기계적 장을 만들어 낼 수 있다. 반대로 압력장을 압전재료에 가하면 전기를 만들어 낸다. 기계적 마찰장을 물질에 가하면 열이 발생된다. 기름에 스파크(불꽃)를 가하면 엄청난 폭발-팽창하는 기계적 운동 에너지를 만들어 낼 수 있어 자동차를 움직이거나 또는 터빈을 돌려 전기를 만들어 내기도 한다. 이처럼 물질-장 결합을 잘 활용하는 능력은 아주 중요하다.

2. 자원의 활용

1) 자원의 분류와 활용 방법

문제를 해결할 때 외부에서 무엇인가 필요한 것을 도입하기 전에 먼저 가지고 있는 이미 존재하는 자원을 잘 찾아 활용하는 것이 필요하다. 자원은 도처에 있다. 심지어 빈 공간도 때로는 중요한 자원이 된다. 창의적인 사람은 그 주위에 있는 모든 자원을 필요에 따라 사용한다. 자원의 유형을 나누면 다음과 같다.

자원의 분류

구분	종류
형태	시간, 공간, 물질, 장(정보, 기능, 시스템)
위치	시스템 내부, 근접 시스템, 상위 시스템
특성	유용한 자원: 시스템의 기능이 원활하게 작동하도록 도와주는 자원 해로운 자원: 시스템의 기능에 유해한 영향을 미치는 자원 중립적 자원: 시스템의 기능에 아무런 영향을 미치지 않는 자원
수량	충분, 적당, 부족
비용	무상, 저비용, 고비용
적용 여부	바로 적용할 수 있는 완성된 자원, 적용을 위해 가공해야 하는 자원

자원을 규명하고 문제해결에 활용하고자 할 때 어떤 방법이 있을까?

자원을 활용할 때 먼저 문제가 발생한 지점의 자원을 선택하는 것을 추천한다. 그 다음에 그 근처의 자원이나 상위 시스템의 자원을 살펴본다. 선택한 자원 중 우선적으로 해로운 자원을 활용하고, 그 다음 중립적인 자원, 그리고 마지막으로 유용한 자원을 사용한다. 구체적인 자원을 선택하는 우선순위는 다음과 같이 정리할 수 있다.

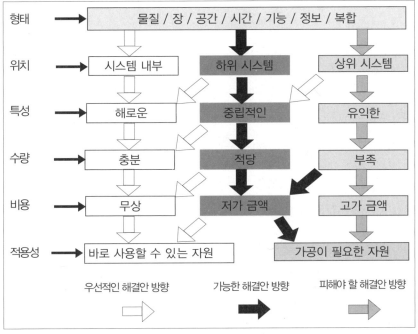

자원을 선택하고 활용하는 방법

2) 자원 활용의 사례

사례 1 - 트럭에 달라붙는 광석을 쉽게 떼어내는 방법은?

추운 겨울에 광산에서 작업하는 과정에서 발생한 문제이다. 겨울에 습기 있는 광석을 캐서 트럭에 싣고 이동하는 중에 광석이 차량의 차가운 철판에 얼어붙게 된다. 그래서 광석을 트럭에서 내릴 때 광석 일부가 떨어지지 않고 차량 바닥에 남게 된다. 남은 광석을 실은 채 차량이 계속 작업을 하면서 운행을 하면 점점 많은 양의 광석이 차량 바닥에 붙은 채 트럭이 운행되어 경제적 손실이 발생한다. 어떻게 하면 광석이 차량에 얼어붙지 않게 할 수 있을까? 문제를 해결할 때 먼저 시스템이 가지고 있는 자원을 찾아 활용해야 한다.

트럭이 가지고 있는 자원에는 어떤 것들이 있을까? 트럭이 가지고 있는 자원이라면 배터리, 엔진 열, 배기가스, 석유, 움직임 등을 일단 생각해 볼 수 있다. 발견한 자원을 이용하여 트럭 바닥에 광석이 얼어붙지 않도록 만들 수 있는 방법을 다양하게 만들 수 있다. 배터리의 전기 에너지를 이용하여 전기 열선을 트럭 바닥에 설치하면 전기히터가 광석을 녹여 얼어붙지 않게 한다. 엔진 열로 데워진 물을 이용하여 한국의 온돌처럼 바닥에 물 배관을 설치하면 가능하다. 뜨거운 배기가스가 바닥을 통과하여 배출되게 하면 트럭 바닥에 광석이 얼어붙는 것을 막을 수 있다. 석유는 어는 점이 매우 낮아 석유를 바닥에 뿌려서 이동하면 얼어붙는 것을 막아 줄 수 있다.

해결 방법은 우리가 찾은 자원의 수만큼 다양하게 만들어 볼 수 있다. 그렇다면 그 중 가장 좋은 해결안은 무엇일까? 당연히 배기가스를 이용한 해결안이다. 배기가스는 유해한 자원이고, 무상의 자원이며 시스템 내부에 있는 자원이다. 자원의 양도 충분하며 항상 존재하는 자원이다. 이처럼 자원을 활용할 때도 자원의 특성, 위치, 양 등 트리즈에서 조언하는 방법을 따르는 것이 효과적이다.

사례 2 – 태엽을 감지 않아도 200년 동안 움직이는 시계

러시아의 시계 박물관에는 200년이나 태엽을 감지 않았는데도 구동하는 시계가 있다. 발명가가 만든 시계인데 태엽을 감지 않고 시계가 작동되도록 설계를 하였고, 이 신기한 시계를 보기위해 방문객이 끊이지 않았다. 도대체 어떻게 시계

태엽을 감지 않고도 움직이는 신기한 시계

가 태엽을 감는 일 없이 작동을 할 수 있었을까? 에너지 보존 법칙이 잘못된 것인가?

해답은 발명가가 자원을 이용하여 시계가 필요한 에너지를 만들어 낸 것이었다. 발명가는 시계를 보러 찾아오는 사람들을 이용하여 바닥에 사람이 움직일 때마다 가해지는 압력을 이용하여 시계의 동력을 만들어 냈다.

사례 3 – 전봇대 상태 알아내기

전봇대를 강화하기 위해 내부에 인장 철근을 넣고 콘크리트를 부어 만든다. 내부 철근은 누설 전류가 고압선에서 발생할 경우 전기를 어스^{earth}시키는 중요한 역할을 한다. 그런데 고압의 전기 충격으로 철근이 산화되고 변질되어 시간이 지나

전봇대 내부 철근의 부식 상태를 외부에서 어떻게 알 수 있을까?

면서 붕괴되는 현상이 발생한다. 필요에 따라 사람이 전봇대 위로 올라가 전기선을 수리 하는데, 내부에 있는 철근이 부식되어 있는 정도를 알지 못해 부식된 전봇대에 올라갔다가 부러지는 사고가 발생한다. 어떻게 전봇대 내부에 있는 철근의 부식 상태를 알 수 있을까?

이것은 철근 콘크리트의 기계적 강도를 알아내야 하는 문제이다. 하지만 현장에서 직접 기계적 강도를 측정하는 장비를 가지고 다니기는 쉽지 않다. 기계적 강도를 좀더 쉽게 측정할 수 있는 방법을 찾아야 한다. 기계적 특성을 다른 장으로 바꿀 수 있는 방법을 생각해 볼 수 있다. 철근 콘크리트는 고유의 진동수를 가지고 있다. 나무로 치면 기계적 강도에 따라 다른 진동수의 소리를 낸다. 철근이 부식되지 않은 상태에서는 진동수가 큰 소리를 내지만 부식이 되면 진동수가 작은 둔탁한 소리를 낸다.

3. 자원 활용을 위한 훈련

- 유리병 검사

한 회사에서 유리병을 회수해서 재활용할 때 발생한 문제이다. 유리병을 수거하여 세척하는 과정에서 파손된 것은 제거하고 완전한 것만을 사용한다. 이 과정은 다음과 같다. 몇 단계 세척과정 이후에 고온 가스를 이용한 멸균작업을 한 후 컨베이어로 이동시키면서 직원이 육안으로 깨진 병을 찾아서 제거한다. 깨지지 않은 병은 다음 단계로 진행하여 내용물을 담고 포장하여 시장으로 출하된다.

그런데 문제는 컨베이어 위에서 움직이는 병의 상태를 파악해서 깨진 것과 깨지지 않은 것을 분류하는 작업에서 불량이 많이 발생했다. 자주 깨진 병을 그대로 다음 공정으로 보내어 많은 손해를 보게 되었다. 게다가 이것은 단순하고 피곤한 작업이어서 직원들이 이곳 근무를 기피하는 경향이 강했다. 회사는 깨진 병을 찾아 제거하는 자동 시스템을 구축하기로 결정했다.

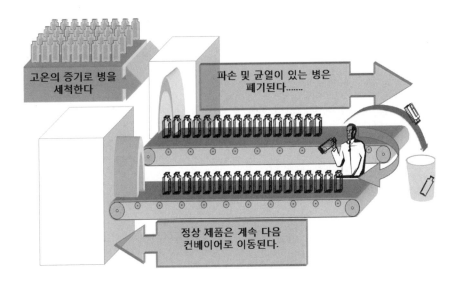

고온의 증기로 병을
세척한다

파손 및 균열이 있는 병은
폐기된다……

정상 제품은 계속 다음
컨베이어로 이동된다.

깨진 유리병을 검사하는 프로세스

일반적인 해결 방법

어떻게 자동 시스템을 만들 수 있을까? 어떤 컨셉으로 자동화 시스템을 만들 수 있을까? 보통 이런 문제에 직면하면, 자신의 경험과 지식에 기반을 둔 방법을 찾기 쉽다. 광학에 익숙한 사람은 빛과 광학센서를 이용하여 깨진 병을 찾아내고 뭔가 로봇 팔과 같은 장치를 설치해 깨진 병이 발견되면 집어내어 분리하는 시스템을 생각해 낼 수 있다.

과거 세라믹 화장실 변기나 유사한 부품을 두드려 소리로 제품검사를 해본 경험이 있거나, 관련된 정보를 알고 있는 사람은 소리를 이용한 자동화 장치를 고려할 것이다. 로봇 팔이 병을 잡고 다른 팔이 나무망치로 치면 소리를 발생시킨다.

소리 센서로 입력된 신호를 분석하여 깨진 병을 찾아내고 또 다른 장치를 통해 깨진 병을 제거하는 시스템을 고안해 낼 수 있다.

그런데 이런 시스템들은 비용이 많이 들어가고, 움직이는 컨베이어 위에서 진행되어야 하기 때문에 복잡하다. 아니면 전체 공정을 완전히 바꾸는 방법을 생각해 볼 수도 있다.

트리즈적 해결 방법 – 시스템 내부의 자원을 활용하라

트리즈적인 문제해결 방법은 어떤 해결 아이디어를 만들기 전에 먼저 시스템이 가지고 있는 자원을 분석한 후, 그 자원을 이용하여 시스템을 최소한으로 변경시켜 문제를 해결하는 것을 추천한다. 따라서 자원을 활용하는 능력이 문제를 창의적으로 단순하게 해결하는 열쇠가 된다. 이 시스템을 분석해 보면 아주 많은 자원

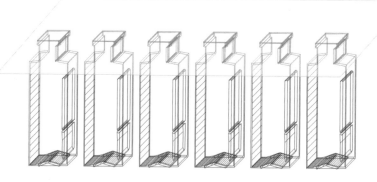

해결콘셉트
유리병의 목에 고무판을 압착시킨 후 병을 냉각시키면 고무판 표면에 달라붙는다.
병을 고무판에서 떼려면 가열하면 된다.

을 가지고 있다. 이 전체 공정을 보면 컨베이어로 나오기 전 병을 고온 가스로 열처리하는 과정이 있다. 이 과정의 열 에너지를 이용해 볼 수 있다.[*] 뜨거운 병 위에 고무판을 설치하면 시간이 흐름에 따라 병이 냉각되며 병 안의 공기가 수축되어 진공이 발생된다. 이 과정에서 고무판은 강하게 병에 밀착되어 달라붙게 된다.

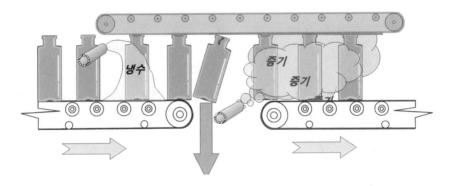

해결방법
유리병 목에 공기가 통과하는 결함이 있으면 이 유리병은 냉각할 때 고무판에 달라 붙지 않는다.

만약 병이 깨졌다면 공기가 깨진 틈으로 들어와 고무판과 압착되어 붙지 않고 떨어질 것이다. 병이 가지고 있는 자체 중력을 자원으로 생각해서 깨진 병이 스스로 분리되어 나갈 수 있도록 위 그림과 같은 단순한 장치를 고안해 볼 수 있다. 그러면 깨진 병과 온전한 병이 스스로 분리될 수 있는 단순한 장치가 만들어 진다.

---

[*] 트리즈의 다음 주제인 이상성과 모순을 이해하면 쉽게 아이디어가 나올 수 있다. 지금은 단순히 자원을 이용한 아이디어 도출에 대해 설명한다

4장

창의적 문제 해결의 세 번째 열쇠

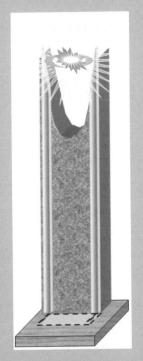

이상적 해결안

1. 이상적 해결안의 이해

– 문제가 스스로 해결되도록 하라!

1) 이상적 해결안의 정의

트리즈만이 가지고 있는 독특한 개념이 바로 이상적 해결안$^{Ideal\ Final\ Result}$이라는 것이다. 이것은 시행착오 방법을 극복하는 트리즈만의 차별화된 문제해결 방법론이다.

다음 그림은 시행착오를 통해 일반적으로 문제를 해결하는 과정을 그림으로 표현한 것이다.

문제가 발생하면, 먼저 No.1의 방법을 시도해 본다. 그 방법이 효과적이지 않다는 것이 밝혀지면 다시 No.2의 방법을 시도한다. 역시 만족할만한 결과가 나오지 않으면 이제 No.3의 방법을 시도해 본다. 그러다 무엇인가 긍정적인 효과가 나오면 이 방법을 개선하여 No.3.1, No.3.2를 시도해 본다. 그러나 결국 이 방법도 해결안이 되지 못한다. 이런 방법으로 No.4,5,6의 방법을 시도하지만

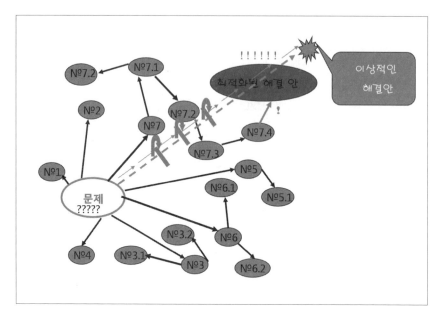

시행착오 방법을 통해 일반적으로 해결안을 찾아 가는 과정

필요한 결과를 얻지 못한다. 그러다가 No.7의 방법에서 무엇인가 해결의 실마리를 얻게 되면 다시 No.7.1, 7.2, 7,3, 7.4 등의 개선을 통해 결국 해결안을 찾게 된다.

결승점에서부터 출발하라!

그런데 만약 No.7.4로 얻어진 최적의 해결안에서부터 먼저 출발한다면 어떻게 될까? 해결안의 방향에서 출발하여 문제로 반대로 접근해 간다면? 아마도 No.1~6까지의 시도에 소요될 비용과 시간을 절약하게 될 것이다. 위 그림에서는 여섯 번의 시행착오였지만 실제 현장에서는 수많은 이런 시행착오로 문제를 해결하고 있다.

그런데 이렇게 해결안에서부터 문제해결을 시도한다는 것이 현실적으로 가능한 것인가라는 의문이 생길 수 있다. 트리즈에서는 가능할 뿐만 아니라, 오히려 여기에서부터 출발하라고 제안한다. 그리고 이때 등장하는 트리즈의 개념이 바로 문제의 가장 이상적인 솔루션, 즉 이상적 해결안이다.

트리즈의 문제해결의 방법은 자체의 체계가 있다. 먼저 문제를 시간과 공간, 상호관계의 관점에서 시스템적으로 분석하여 그 근본 원인을 규명하고, 그 시스템 내의 자원을 분석하며, 그 다음 단계로 문제의 가장 이상적인 해결안이 무엇인지 해결 콘셉트를 만들어 낸다. 이상적인 해결안에 대한 콘셉트가 만들어지면 이 콘셉트에 맞는 아이디어를 도출하여 이것을 현실적으로 실현할 수 있는 구체적인 해결방안을 찾는다.

이상적 해결안은 기술 시스템의 발전 법칙의 연구 속에서 개발된 개념이다. 기술 시스템의 주요 발전 법칙 가운데 '이상성 근접의 법칙'이 있다. 이 법칙에 의하면 기술 시스템은 그 발전 과정 속에서 단계적으로 이상적인 상태에 접근한다. 앞의 그림에서 보면 문제에서 이상적인 해결안까지 한 방향으로 나아가는 것으로 나타나 있다. 실제로 모든 기술 시스템은 이렇게 어떤 이상적인 상태를 향해 진화하고 있다.[*]

이런 이상적 방향을 알고, 그 방향에 맞추어 방법들을 찾는다면 엉뚱한 방향에서의 무수히 많은 불필요한 시도들을 줄일 수 있다. 이렇듯 이상적 해결안은 문제해결을 위한 목표점이다. 그 목표점이 지금으로서는 도달할 수 없는 이상향일지라도 그 목표점은 우리가 문제를 해결하기 위해서 가야하는 길과 방향을 가리켜

---

[*] 기술 시스템발전법칙은 트리즈 심화 과정에서 다루어진다. 트리즈의 기본 개념을 설명하는 이 책에서는 이상적 해결안이 '이상성 근접의 법칙'에 근거하여 만들어진 개념이라는 점만 언급하고, '이상성 근접의 법칙' 내용에 대해서는 차후 심화 과정을 다룬 책에서 다시 한번 자세하게 설명하도록 한다.

주기 때문에 중요하다.

이상적인 해결안이란 "급격한 경사의 암벽을 오르는 등산가의 밧줄과 같은 것이다. 밧줄 자체가 정상으로 끌어올려주는 것은 아니다. 그러나 이 밧줄은 등산가가 암벽을 타고 오르기 위한 지지대가 되며, 아래로 추락하지 않도록 만들어준다. 이 밧줄을 손에서 놓치기만 해도 추락을 피하지 못할 것이다."

(알츠슐러)

이상적 해결안의 두 가지 키워드 – '스스로'와 '자원'

이상적 해결안을 만들어 내기 위해서 먼저 생각해야 할 두 가지 중요한 키워드가 있다. 첫 번째 키워드는 '스스로'라는 단어이다. 이상적 해결안이란 문제가 스스로 해결되는 것, 그 방법이다. 특히 문제를 발생시킨 요소가 문제를 스스로 해결하도록 만든다면 보다 더 이상적인 해결방법이 된다. 두 번째 키워드는 자원, 자원의 활용이다. 즉, 이상적 해결안이란 문제를 해결하기 위해, 혹은 목적을 달성하기 위해 자원을 활용하여 문제가 스스로 해결되게 하는 것, 혹은 목적이 스스로 달성되게 하는 것이다.

실제 유도와 같은 운동경기에서 가장 이상적인 승리란 상대방이 자신의 힘에 의해 스스로 넘어지는 것이다. 전투에서 가장 이상적인 승리란 싸움을 하지 않고 승리하는 것, 즉 적군이 스스로 자멸하거나 물러나게 하는 것이다. 이런 예들은 모든 인간 활동에 모두 적용될 수 있다.

물이 스스로 멈춘다?!

다음의 예를 통해 구체적으로 이상적 해결안이란 무엇이고, 이것이 어떤 효과적인 해결방안을 도출할 수 있게 만들어주는지 살펴보자.

아파트 싱크대가 고장 나서 수도관을 고쳐야 한다. 수리를 하는 동안 물이 들어오는 메인 밸브를 잠가두어야 한다. 집 안으로 들어오는 수도 전체의 메인 밸브는 보통 아파트 외부에 있다. 메인 밸브를 잠그고 싱크대 수도관을 수리하기 위해서는 약 30분 정도의 시간이 소요된다. 그런데 이 메인 벨브에 문제가 생겼다. 워낙 낡은 아파트다 보니 메인 벨브가 꽉 잠기지 않고, 그 사이로 물이 흘러 들어가는 것이다. 수리하기 위해서는 물이 안으로 들어와서는 안 된다. 메인 벨브를 잠그어야 하는 시간은 30분이다. 어떻게 이 문제를 해결할 것인가?

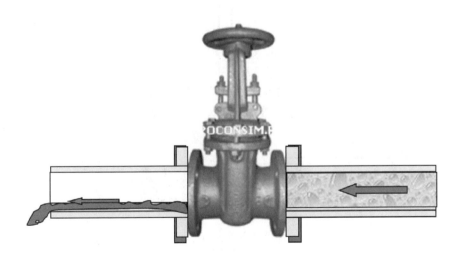

문제상황: 수도관의 메인 벨브를 30분간 잠그어야 한다. 그런데 계속 물이 새고 있다

이 문제를 해결하기 위한 이상적 해결안은 무엇일까?

이상적 해결안의 첫 번째 키워드인 '스스로'라는 단어를 이용하여 이상적 해결안을 만들어 보면 다음과 같다. "물이 스스로 멈춘다." 두 번째 키워드는 자원이다. 자원을 이용하여 문제를 해결하도록 만든다. 이 두가지 키워드를 적용하여 이상적 해결안을 만들어 보면 다음과 같다. "물이(물이 가지고 있는 특성을 이용하여) 스스로 멈춘다".

문제해결의 모든 단계에서는 시스템적 사고가 기초가 된다. 시스템적 사고로 '물'이라는 시스템을 보게 되면, 물은 하나의 고정된 형태가 아니라, 시간, 공간, 상호관계에 따라 변화가 가능한 물질이다. 그 다음 단계에서 물질-장 자원이라

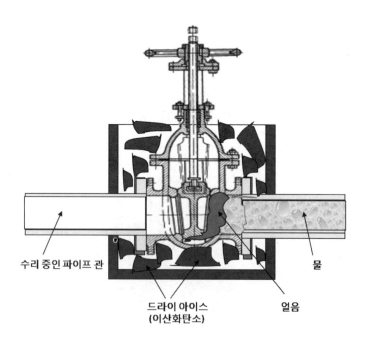

방법 1: 시중에서 쉽게 구할 수 있는 드라이아이스를 이용해서 30분간 얼려 놓는다.

는 개념으로 '물'을 바라본다면 물이라는 물질은 장(MATCEM)과의 결합을 통해 다양하게 변형될 수 있다.

이제 이런 이상적 해결안 콘셉트가 만들어졌으면 이에 맞는 아이디어를 생각해 본다. 어떻게 해야 물이 흐르지 않고 멈추게 될 것인가? 물에 어떤 장을 결합시키면 물이 흐르지 않고 멈추게 될 것인가? 가장 먼저 떠오르는 아이디어는 물을 얼리는 방법이다. 물을 얼릴 수 있는 방법은 다양하다. 그 가운데 가장 효과적이고 효율적인, 혹은 비용이 가장 적게 소요되는 방법을 찾는다.

2) 이상적 해결안을 이용한 문제해결의 효과

가장 경제적이고 효과적인 알약 자동 분리기를 만들다

기술문제에서 이상적 해결안 콘셉트를 통한 문제의 해결이 어떤 효과를 주는지 실제 사례를 통해 살펴 보자

러시아의 C사는 제조된 알약을 포장하는 작업을 하고 있다. 이 작업 공정은 다음과 같다. 제조된 알약들은 자동화 기계에서 매 초 마다 1알씩 공급된다. 기계의 경사진 판을 따라 알약이 굴러 내리면 그 아래 컨베이어가 다음 포장 공정을 위한 장소로 알약을 이동한다. 그런데 종종 알 수 없는 이유로 이 기계에서 정상적으로 완전한 알약이 아닌 불량 알약이 컨베이어로 떨어진다. 이 불량 알약을 포장되기

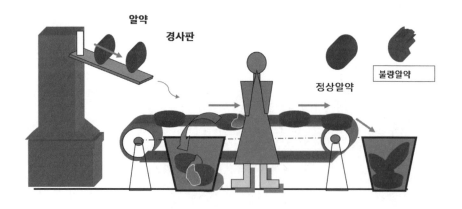

문제 상황
불량 알약을 사람이 직접 눈으로 보고 골라내는 시스템에서는 실수가 많아 불량률이 높다.

전에 골라내야 하므로, 작업자가 컨베이어로 알약들이 이동되는 동안 눈으로 보고 불량품을 골라낸다. 불량 알약이 언제 나타날지 모르기 때문에 작업자는 불량 알약을 놓치지 않기 위해 긴장한 채로 알약의 이동 전체를 주의 깊게 지켜보아야 한다. 이런 작업 특성 때문에 작업자들의 노동 피로도가 높다 보니, 제대로 불량 알약이 제거되지 못하는 경우가 빈번하게 발생하게 되었다.

이 문제를 해결하기 위해 이 회사에서는 불량 알약의 분리를 사람이 아닌 자동화 시스템으로 교체하고자 했다. 먼저 무게를 측정하는 장비를 개발하여 무게로 분리하는 방법을 적용해 보았다. 그런데 기계에서 떨어져 나오는 알약은 운동 관성을 지니고 있어 이 움직임을 알약의 무게로 잘못 인식해 버리기 때문에 정확도가 떨어졌다. 그래서 보다 복잡한 광학장비를 개발해서 광점으로 알약의 기하학적 모양을 통해 제대로 된 알약을 구별하는 방법을 적용해 보기로 했다. 그런데 이 방법에도 문제가 있었다. 이 장비를 이용하면 제대로 분리가 되어 불량 문제는 해결되지만, 대신 이 장비를 사용하고 관리하는 비용이 작업자 인건비보다 더 많이 소요되어 포장비용이 높아져 버린다. 경제적으로 비효율적인 해결안이기 때문에 이 방법도 폐기되었다.

이 문제를 이상적 해결안의 콘셉트를 가지고 해결해 보자. 이 문제에 대한 이상적 해결안을 다음과 같이 생각해 볼 수 있다. "불량 알약이 스스로 컨베이어에서 분리된다". 이상적 해결안 콘셉트를 만들었다면, 그 다음에는 자원을 분석하여, 어떤 자원을 활용했을 때 가장 효과적인 해결방안이 나오는지 판단한다.

이 문제에 대한 당시 트리즈 전문가는 알약이 가지고 있는 자원, 즉 모양과 관성을 이용해 다음과 같은 해결안을 제안했다. 정상적인 둥근 알약은 경사진 판을 따라 구르면서 충분한 속도를 받기 때문에 판 사이의 갈라진 공간을 건너 뛸 수 있

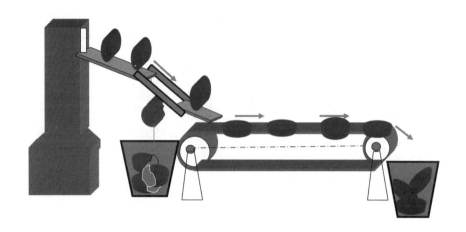

트리즈 전문가가 제안한 불량 알약을 분리하는 자동 시스템

다. 반면에 불량 알약은 둥근 모양이 아니기 때문에 이 갈라진 공간을 뛰어 넘을 만큼 충분한 속도를 낼 수가 없다. 따라서 경사판 사이에 빈 구멍을 만들어, 충분한 속도로 움직이는 정상 알약은 통과하되, 충분한 운동 속도를 가지지 못하는 불량 알약은 통과하지 못하고 그 아래로 떨어지게 만들었다. 그리고 그 자리에 통을 놓아, 떨어진 불량 알약들이 쌓이게 했다. 이로써 불량 알약은 자동적으로 분리된다.

이런 방법은 분리의 기능을 하는 외부 시스템의 도입 없이도 불량 알약을 분리할 수 있어 비용이 거의 들어가지 않는다. 또한 분리 기능을 하는 별도의 독립 시스템도 필요하지 않다.

3) 이상적 해결안과 기술 시스템의 발전

모든 기술 시스템은 이상적 상태로 진화한다

기술 시스템은 개선되며 진화한다. 사람들은 분명 더 작동이 간편하고, 더 강력하며, 더 값싼 기술을 원하며, 더 많고, 더 다양한 기능을 요구한다. 그리고 기술 시스템은 점점 더 복잡해진다. 실제 기술 시스템이 과연 어느 방향으로 발전할 것인지 예측하는 것은 쉽지 않다.

컴퓨터 마더 보드에는 여러 가지 부품들이 많다. 이 부품들 가운데 하나만 불량이 생겨도 전체 마더 보드의 기능에 문제가 생긴다. 마더 보드를 사용하는 과정에서 지나치게 많은 열을 받아 뜨거워지면 부품에 손상을 입는다. 그런데 어느 부품이 열에 의해 손상을 입었는지 알아내기가 쉽지 않다. 일일이 테스트를 해 보는 방법이 있지만 이것보다 더 경제적이고 효과적인 방법이 필요하다. 어떤 방법이 있을까?

이때 이상적 해결안을 생각해 본다. 열에 의해 손상된 부품이 스스로 알려준다라는 콘셉트를 가지고, 아이디어를 찾아본다. 그러기 위해서는 자원을 분석해 보아야 한다. 예를 들어, 뜨거워지는 문제이기 때문에 열이라는 자원을 생각해 볼 수 있다. 이때 MATCEM을 활용해서 여러 가지 방법을 생각해 볼 수 있다. 만약 화학적인 방법이라면 온도에 따라 색이 변하는 물질을 사용하는 아이디어를 떠올려 볼 수 있다. 이런 물질은 구하기 어렵지 않다. 일정 온도 이상이 되면 색이 변하는 물질을 페인트에 섞어서 부품 위에 바르면, 열을 많이 받아 뜨거워져서 타는

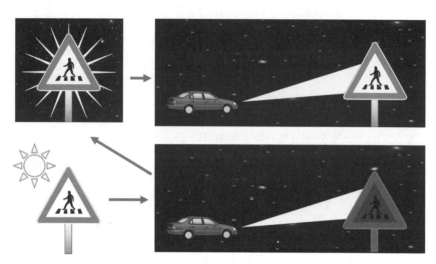

도로표지판 시스템의 발전 – 이상적인 시스템으로의 진화

순간 색이 변하고, 우리는 그저 뚜껑을 열고 보기만 해도 바로 손상된 부품을 바로 찾아낼 수 있다. 이것은 스스로 알아서 기능하는 시스템이다.

초기 도로표지판에는 밤에도 잘 보이도록 전기를 끌어와 전구를 달아야 했다. 이것을 기술 시스템의 이상성의 관점에서 접근하면 어떻게 변하는가? 이상적 해결안에 의하면 스스로 빛을 내야 한다. 이제 이 시스템 내에 있는 자원을 찾아, 그 자원으로 빛이 스스로 발생하도록 만든 시스템이 된다. 즉, 자동차 헤드라이트의 빛을 받아 스스로 빛을 낼 수 있는 형광재료를 이용하여 도로 표시판을 만든다.

일반적인 쟁기로 논이나 밭을 갈면 아무리 쇠로 되어 있다 하더라도 시간이 지남에 따라 쟁기 날의 가장자리가 무디어진다. 그렇기 때문에 사용 후 일정 시간이 지나면 반드시 날을 가는 기계나 숫돌로 정기적으로 갈아주어야 한다.

그렇다면 이상적인 쟁기의 날은 어떤 것일까? 바로 날이 스스로 갈린다는 콘셉트가 만들어진다. 이를 구체화하는 아이디어로는 쟁기날의 밑 부분은 열처리를

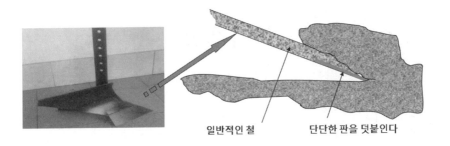

일반적인 철　　　　단단한 판을 덧붙인다

쟁기 시스템의 진화 발전된 형태 –쟁기의 날을 가는 시스템은 사라지되
쟁기 날의 날카로운 형태는 그대로 유지하고 있는 이상적 상태

해서 굉장히 단단하게 만들고 윗부분은 연성이 있도록 만든다. 그렇게 해서 땅을 갈다보면 부드러운 부분이 먼저 마모되고 단단한 부분은 그대로 남아 있게 된다. 이런 상태로 계속 땅을 갈게 되면 동시에 날도 갈리게 되어 날카로운 형태를 그대로 유지할 수 있게 된다.

이렇듯 기술 시스템의 발전에는 이 이상적 해결안의 콘셉트가 녹아 있다.

2. 이상적 해결안의 활용

1) 이상적 해결안과 창의적 아이디어의 발상

시스템이 가지고 있는 자원을 활용해 스스로 문제를 해결한다는 이상적 해결안의 콘셉트는 창의적 아이디어를 만들어 내는 매우 효과적인 방법이다.

스스로 물 줄 때를 알려주는 화분

화분에 화초를 키우거나 안이 보이지 않는 꽃병에 꽃을 키울 때 물을 제 때 주어야 제대로 키울 수 있다. 그런데 바쁘게 지나다 보면, 물 줄 때를 놓치는 경우가 많다. 그러다 어느 날 문득 찾아보면 꽃이나 화초가 이미 시들어 버린 적이 아마도 있을 것이다. 그런데 늘 신경을 쓰지 않아도 언제 물을 주어야 하는지 바로 알수 있게 된다면 어떨까? 이상적 해결안으로 생각해 본다면, "화분(화초)이 스스로 물 줄 때를 알려준다"가 될 수 있다. 이런 화분이 가능할까?

세계 3대 디자인 어워드 중 하나인 독일의 '레드닷 디자인 어워드'에서 2007년 대상을 수상한 카이스트의 배상민 교수팀의 롤리-폴리 화분이 바로 그런 화분이다. 이 화분은 물이 필요한 시점을 화분이 스스로 알려준다. 오뚝이 모양의 화분으로, 처음 필요한 물의 양을 미리 설정하여 화분 속의 물탱크에 저장해 놓았다가 이 물이 없어지면 화분 내부의 무게 균형이 깨지면서 점점 기울어진다. 이렇게 해서 화분의 물 상태가 어느 정도인지 외부에 알려준다.

가스가 얼마나 남아 있는지 스스로 알려주는 가스통

러시아에서는 특히 교육에 트리즈를 접목한 창의성 교육이 이미 20년 이상 이루어지고 있다. 트리즈의 기본 개념과 방법론을 활용한 여러 가지 창의 교육 프로그램이 있으며, 교사들 대상의 교육도 다양하게 진행되고 있다. 이런 교육에서 어린 아이들은 전문가들도 생각하지 못했던 대단히 독창적인 아이디어들을 생각해 내는데, 이 가운데는 특허를 취득하는 아이디어들도 많다. 특히 이상적 해결안을 콘셉트로 아이디어를 만들어 낼 때 물질과 장의 자유로운 결합을 통한 물질의 다양한 변형이 필요하기 때문에 많은 상상력이 요구되는데, 어린이들의 경우는 이런 자유로운 상상력으로 재미있고 독특한 아이디어들을 생각해 낸다.

다음은 그런 독창적인 문제해결 아이디어 중 하나로, 초등학교 학생이 제안한 기술문제 해결 방법이다.

러시아 시베리아의 농촌 지역에는 일반 가정에서 가스통을 제 때 교체하는 것이 문제가 되는 경우가 종종 발생한다. 무엇보다 영토는 넓고 사람은 적은 시베리아 지역은 배달 시스템이 제대로 되어 있지 않아서, 주문을 하면 3일 이상은 걸려야 도착한다. 영하 40도가 넘는 겨울에 만약 가스가 떨어지기라도 하면 큰일이다. 따라서 언제쯤 가스가 떨어질 것인지 알아서 미리 주문을 해 두어야 한다. 그런데 가스통이 투명해서 그 안에 가스가 언제쯤 다 떨어질지 눈으로 볼 수 있는 것도 아니고, 그렇다고 흔들어 볼 수도 없다. 과연 어떻게 하면 가스가 얼마 남지 않았다는 것을 미리 알 수 있을까?

이 문제의 이상적 해결안을 생각하면 "가스통이 스스로 가스가 얼마나 남았는지 알려준다"일 것이다. 이런 이상적 해결안 콘셉트를 만들어 낸 후에는 이 콘셉트를 구현할 수 있는 자원을 찾는다.

이런 방향으로 초등학생이 생각해 낸 아이디어는 가스통 안에 호루라기를 넣는 것이었다. 먼저 최소한 남겨 두어야 할 가스의 양이 어느 정도인지 확인한 후, 그

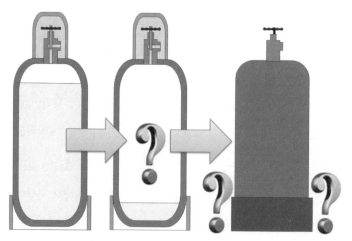

안을 볼 수 없는 가스통에 가스가 얼마나 남았는지 미리 알 수 있는 방법은?

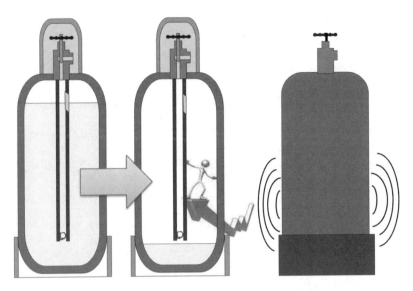

초등학생의 아이디어: 가스통이 스스로 소리로 상태를 알려준다

경계가 되는 부분의 가스통 안 파이프에 작은 구멍을 내고 그 곳에 호루라기를 달아 놓는다. 그 경계 전까지는 액체 상태의 가스이기 때문에 아무런 소리가 나지 않지만, 액체 상태의 가스가 그 경계면을 지나면서 기화가 되기 시작하면 공기가 호루라기를 거쳐 나가기 때문에 소리가 나기 시작한다. 이 소리를 외부에서 들리도록 크게 만들어 주기만 하면 된다. 그야말로 가스통이 스스로 가스가 얼마나 남았는지 말을 하게 만든 것이다.

이 외에도 다양한 아이디어를 생각해 볼 수 있다. 이 시스템 내에는 다양한 자원이 있기 때문에 어느 자원을 선택하느냐에 따라 다양한 방법이 나올 수 있다. 예를 들어, 가스통의 무게를 자원으로 활용하여, 가스통 아래 스프링 등을 설치해 두고 무게가 특정 정도까지 낮아지면 튀어 오르게 만들 수도 있을 것이다. 다양한 자원으로 만들어낸 다양한 방법들 가운데 가장 경제적이고 효과적인 해결안을 선택하면 된다.

이상적 해결안으로 해결 콘셉트를 만들고, 그에 맞춰 구체적인 해결방안을 만들어 내기 위해서는 적합한 자원을 찾아야 한다. 이 자원을 찾고, 자원을 가지고 해결방안을 만들 때는 창의적인 상상력과 시스템적 사고가 필요하다. 왜냐하면 자원의 성질, 물질-장의 자유로운 결합을 통한 물질의 변형을 생각해 낼 수 있어야 하기 때문이다.

삶의 지혜로운 사고와 이상적 해결안

이런 창의적 해결 방법은 비단 기술문제에서만 가능한 것이 아니다.

솔로몬의 재판이라는 유명한 이야기가 있다. 한 집에 두 여인이 살고 있었는데, 두 사람 모두 갓난 아기가 있었다. 그런데 어느 날 그 중 한 사람의 아이가 갑자기 죽자, 이 여인은 다른 여인의 아이와 몰래 바꿔치기를 했다. 이에 자신의 아이가 아니라는 것을 안 친모가 아이를 바꿔치기 한 여인에게 아이를 돌려달라고 하지만, 그 여인은 뻔뻔하게 자신의 아이라고 우기며, 오히려 친모를 모함했다. 이렇게 해서 두 여인은 솔로몬 왕 앞에서 각각 한 아이를 놓고 자신이 그 아이의 엄마라고 주장하며, 친모를 가리는 재판이 열렸다. 지혜로웠던 솔로몬 왕은 갑자기 옆에 서 있던 군사의 칼을 빼서는 각자 자신이 친모라고 우기니, 그 아이를 반으로 갈라서 데리고 가라는 판결을 내렸다. 그러자 친모는 자신의 아이가 아니니, 아이를 죽이지 말라고 모성애의 본능으로 순간적으로 간청했고 이로써 친모가 누구인지 가릴 수 있게 되었다.

이 유명한 솔로몬의 재판은 문제를 해결하는 솔로몬의 지혜를 단적으로 보여주는 좋은 사례로 유명하다. 솔로몬의 현명한 판결이야말로 어머니가 가지고 있는 자원인 모성을 이용하여, 친모가 스스로 드러날 수 있도록 만든 것이다. 이런 고대의 삶의 지혜를 보여주는 이야기 속에서도 문제를 해결하는 지혜로운 방법이란 내부의 자원을 활용하여 문제가 스스로 해결되도록 만드는 것이란 사실을 알려준다.

2) 이상적 해결안과 자원 선택에 의한 다양한 아이디어의 발상

이상적 해결안을 구체화시키기 위해서는 자원을 분석하고, 활용해야 한다. 3장 자원의 설명에서 살펴보았듯이 우리가 활용할 수 있는 자원은 다양하다. 그리고 어떤 자원을 선택하느냐에 따라 다양한 해결방안들을 만들어낼 수 있다.

스스로 위치를 알려주는 곰

시베리아의 겨울에는 곰사냥이 가능하다. 그런데 이 시기 곰사냥에는 한 가지 문제가 있다. 동굴 속에서 겨울잠을 자는 곰을 사냥꾼이 찾기가 쉽지 않다. 겨울의 시베리아는 눈이 엄청나게 많이 와서 쌓이는지라 곰이 있는 굴이 눈에 파묻혀서 그 자리를 찾기가 굉장히 어렵다. 어떻게 하면 곰이 겨울잠을 자고 있는 굴을 바로 찾아낼 수 있을까?

해답을 생각해내려고 하기 전에 먼저 이상적 해결안을 만들어 보자. 이때의 이상적 해결안은 "곰이 스스로 굴의 위치를 알려준다"가 될 수 있다. 이제 곰이 스스로 사냥꾼에게 자신이 있는 곳을 알려줄 수 있는 방법을 찾아야 한다. 이때 곰이 가지고 있는 자원을 자세하게 살펴 보아야 한다.

곰이 가지고 있는 자원을 하위 시스템, 상위 시스템 관점에서 찾아 보면 곰의 조직과 구조, 냄새, 온도, 소리, 성질의 특징에서부터 겨울잠을 잘 때의 특성, 동굴의 특성, 환경 등등 굉장히 많다. 이 자원을 하나씩 선택해서 방법들을 생각해 볼 수 있다.

그 가운데 곰의 호흡을 자원으로 선택한다면, 이상적 해결안은 다음과 같이 만들어질 것이다. "곰의 호흡을 이용해서 곰이 스스로 위치를 알려준다." 곰의 호흡에 의해 발생한 습기로 인해 곰이 있는 굴 위에 쌓여 있는 눈은 얼기 때문에 다른 곳의 눈과 비교해서 모양이나 쌓여 있는 형태가 다르다. 또 이런 수분이 지면 위로 올라오게 되면 주위 수풀에도 영향을 미친다. 이를 잘 관찰하면 곰이 있는 곳을 찾아낼 수 있다.

그런데 이 방법은 잘 드러나지 않아서 관찰하기가 쉽지 않고, 특히 눈이 바로 내린 다음에는 찾아내기가 어렵다.

그렇다면 온도를 자원으로 활용해 보면 어떨까? 곰의 체온을 이용해 곰이 스스로 위치를 알려주게 만드는 것이다. 곰의 체온으로 인해 곰이 있는 곳의 눈의 온도는 주위의 온도와 차이가 날 수 밖에 없다. 적외선 카메라를 이용하면 0.5℃ 이하의 온도차까지 감지할 수 있다.

스스로 위험을 알려주는 포크레인

광산에서 캔 광석을 포크레인에 싣고 분쇄 작업장으로 운송한 후, 싣고 온 광석을 분쇄하면 이를 녹여 필요한 금속을 추출한다. 그런데 이 과정에서 포크레인 때문에 문제가 발생하는 경우가 있다. 포크레인이 광석을 싣는 과정에서 포크레인 버켓의 이빨이 부러지는 것이다. 부러진 이빨은 그대로 섞여서 분쇄 공정까지 같이 실려 간다. 이렇게 되면 분쇄기에 큰 영향을 주게 되고, 분쇄기가 고장이 날 수 있다. 때문에 분쇄 작업 전에 실려 온 광석 더미에 포크레인의 이빨이 섞여 있는

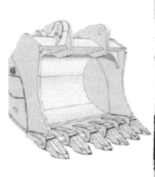

포크레인으로 작업하는 과정에서 포크레인의 이빨이 부러져 섞이면 문제가 된다

지를 미리 알아서 제거해야 한다. 어떤 방법이 있을까?

먼저 이 문제의 이상적 해결안을 생각해 보자. "포크레인이 작업 중에 이빨이 부러지는 것을 스스로 알려준다"라는 이상적 해결안을 만들어 볼 수 있다. 즉, 이빨이 부러지는 순간을 스스로 외부에 알려주어야 한다는 것이다.

이 이상적 해결안을 구체화할 수 있는 아이디어를 만들기 위해 자원을 찾아 본다. 이때 물질과 장의 결합인 MATCEM을 적용해서 자원을 찾아 볼 수 있다. 기계적인 현상이 나타나게 하는 방법, 이빨이 부러지는 순간 소리가 나게 하는 방법, 온도를 변화시키는 방법, 화학반응을 통해 가스를 분사하는 방법, 전기적인 시그널을 이용하는 방법, 빛이 나오게 하는 방법 등을 생각해 볼 수 있다.

이런 방법들 가운데 기계적 현상이나 소리 등은 작업장의 소음이 크기 때문에 효과가 미지수라면, 화학적인 반응을 일으키는 방법의 경우는 좋은 방법이 될 수 있다. 이렇게 아이디어가 만들어지면 이 부분에 대한 전문지식을 활용하여 구체적인 해결방안을 찾는다. 이 사례의 경우, 공기 중에 노출되면 즉각적인 반응을 하는 백린^{White Phosphorus}이라는 화학물질을 메탈 캡슐에 넣어 이 메탈 캡슐을 포크레인 이빨 안에 삽입하는 방법이 있다. 만약 포크레인 버켓의 이빨이 부러지면 이 캡슐이 기계적으로 터지면서 백린이 공기 중에 노출되고, 이때 바로 반응을 일으켜 색깔 있는 가스를 만들어 낸다.

3. 이상적 해결안으로 문제를 해결하는 훈련

문제1: 소라껍질에 실 꿰기

바닷가 해변에서 어린 꼬마가 예쁜 소라 껍질을 찾았다. 이 소라껍질을 목에 걸고 싶어서 엄마 아빠에게 실로 묶어 달라고 졸랐다. 엄마와 아빠는 실로 묶어 보려고 했지만 가는 실을 소라 껍질 사이로 집어넣어 묶기란 거의 불가능했다. 그러자 아이는 울면서 떼를 쓰기 시작한다. 엄마 아빠는 난감했다. 소라 껍질에 실을 꿰어 목걸이로 만들 수 있는 방법이 있을까?

이 문제의 이상적 해결안을 만들어 보자. "실이 스스로 소라껍질 속을 통과해 나온다"라는 이상적 해결안을 만들어 볼 수 있다.

이상적 해결안 콘셉트를 실현할 수 있는 자원으로는 어떤 것들이 있을까? 먼저 가장 가까운 상위 시스템에 있는 자원들부터 살펴보면, 바닷가 해변의 조약돌, 모래, 공기, 물, 풀, 곤충(딱정벌레), 작은 물고기 등이 있다.

이제 이 자원들을 활용하여 가능한 해결방법을 생각해 보자.

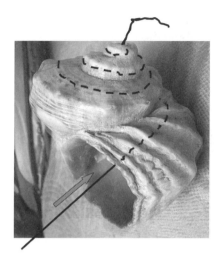

문제상황 – 가는 실로 어떻게 소라껍질을 묶어서 목걸이를 만들 수 있을까?

방법 1. 조약돌 혹은 모래를 이용

이 경우 이상적 해결안은 "실은 조약돌(혹은 모래)의 중력을 이용해 스스로 소라껍질 속을 통과한다."라고 만들 수 있다. 작은 돌멩이에 실을 묶고 그 돌멩이를 소라껍질 속으로 집어넣는다. 소라껍질을 살살 흔들면서 이 돌멩이가 소라껍질을 관통해서 밖으로 나오도록 해 준다. 이렇게 돌멩이가 나오면 실도 같이 밖으로 나오게 되는 것이다.

방법 2. 물을 이용

이상적 해결안은 "실은 물의 중력과 유동성을 이용해 스스로 소라껍질 속을 통과한다."라고 만들어 볼 수 있다. 소라껍질 안으로 물을 붓는다. 물은 소라껍질 반대 쪽 작은 구멍으로 흘러나온다. 이 물에 실려 실이 소라껍질 안에서 따라 흘러나온다.

방법 3. 곤충(딱정벌레)이나 작은 게를 이용

이상적 해결안은 "실은 딱정벌레(혹은 게)의 움직임을 이용해 스스로 소라껍질 속을 통과한다."라고 만들어 볼 수 있다. 곤충에 실을 묶어 소라껍질 속에 넣으면, 곤충이 반대편쪽으로 나올 것이다. 이때 곤충을 잡아 묶인 실을 풀면 된다.

이밖에 다른 자원을 활용한다면 그만큼 다양한 방법들을 생각해 볼 수 있을 것이다.

문제2: 피스톤의 왕복 운동으로 인한 마찰 마모를 줄이는 방법

자동차 내연기관의 피스톤은 가스폭발을 이용해 왕복운동을 회전운동으로 전환한다. 이때 가스폭발로 인해 반발력이 발생하는데, 이 반발력에 의한 좌편향 힘이 생기게 된다. 이런 좌편향 힘 때문에 내연 기관의 피스톤은 좌측에 마모가 더 되고, 이런 마모로 인해 오른쪽에 틈이 생기게 된다. 이렇게 되면 소리도 나고 효율이 떨어지는 등 심각한 문제 상황이 발생할 수 있다.

이 문제의 이상적 해결안을 만들어 보자. 이상적 해결안은 "좌편향 힘이 스스로 사라지게 만든다."라고 만들어 볼 수 있다. 이 힘이 스스로 사라지게 만들 수 있는 방법은 무엇일까? 스스로 오른쪽으로 가해지는 힘을 만들어 내고, 이 두 힘을 상쇄시키는 방법이 있다. 원리상 반발력을 없앨 수는 없기 때문에, 에너지를 이용해 우편향 힘을 만들어 주는 것이다. 이렇게 만들어 줄 수 있다면 이상적으로 내연 기관을 개선할 수 있을 것이다.

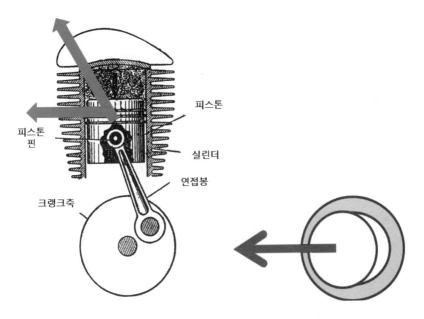

피스톤

피스톤
핀

실린더

연접봉

크랭크축

문제상황 – 내연기관 엔진의 피스톤 운동에 의한 좌편향 힘 때문에 마찰마모가 발생

이상적 해결안을 현실화 할 수 있는 자원을 살펴 보고, 어느 자원을 가지고 우편향 힘을 발생시킬 수 있는지 분석해 보아야 한다. 가장 먼저 생각해 볼 수 있는 자원은 폭발을 일으키는 가스다. 원래 가스의 강력한 폭발력으로 인해 좌편향의 힘이 발생하는데, 이때 동시에 오른쪽으로도 향하는 힘을 만들어 내려면, 오른쪽으로 힘을 더 받을 수 있는 방법을 생각해 보아야 한다.

이를 실현시키기 위해서는 여러 가지 방법이 가능하다. 그 중 하나는 내부 압력은 일정하므로 오른쪽에 면적을 좀 더 넓게 만들어서, 오른쪽으로 더 많은 힘을 줄 수 있도록 하는 것이다. 압력이라는 것은 결국 단위면적에 받는 힘이므로, 면적이 넓으면 그 만큼 힘이 더 발생하게 된다.

방법: 오른쪽의 면적을 넓게 만들어 더 큰 압력을 받도록 만든다

좌편향 힘으로 인한 마찰마모의 발생은 내연기관의 엔진을 개발하는 데 있어 큰 문제였다. 어떻게 하면 이런 편향된 힘이 생기지 않고 마모 없이 제대로 작동할 수 있을까에 대해 많은 전문가들이 연구를 진행했다. 이 문제는 오른쪽으로 힘이 더 발생하는 다양한 방법을 개발, 적용함으로써 개선되었고, 다양한 방법이 적용되었다. 초기에는 크랭크축을 변형하는 방법을 적용하였으나, 피스톤 내에 우편향 힘을 발생시키는 콘셉트의 해결 방안을 적용하는 방법으로 발전했다. 결국 그 시스템 내부에 있는 자원(가스 및 피스톤)을 가지고 문제를 스스로 해결하는 방향으로 나아가는 것이다.

5장

창의적 문제 해결의 네 번째 열쇠

모순

1. 모순의 이해

– 원하는 것을 얻는 방법

1) 모순의 정의

트리즈의 문제해결 방법론은 문제가 발생하면 바로 그 해결안을 찾는 것이 아니라, 먼저 시스템적 분석을 통해 그 근본 원인을 규명한다. 그리고 나서 시스템 내의 자원을 분석한다. 그 분석을 근거로 하여 이상적 해결안을 구성하여 해결 콘셉트를 만들고 그에 따른 적합한 자원들을 선택하여 구체적인 해결방안을 만드는 체계적인 단계를 거치도록 제안한다. 그리고 많은 문제들이 이런 과정을 거쳐 해결된다.

그런데 이상적 해결안을 구성하고 적절한 자원을 찾아서 적용을 해보아도 문제 해결방안을 찾기가 어려운 경우가 있다. 이 문제들은 바로 그 원인이 모순적 상황에 놓여 있기 때문이다.

모순의 사례 : 약병의 밀봉

앰플 안에 약을 넣고 유리를 봉합 하는데, 유리를 봉합하기 위해 토치를 이용해 가열한다. 토치를 강하게 하여 많은 열을 가하면 유리가 쉽게 연화되어 봉합이 잘 된다. 그런데 이때 앰플 안에 있는 약이 토치 열에 의해 손상을 받게 된다. 이번에 는 토치를 약하게 하면 약은 손상이 안 되지만 봉합이 잘 안 된다. 불꽃이 강하면 약은 손상되고 불꽃이 약하면 봉합이 안 된다. 이런 상황이라면 어떻게 이 문제를 해결해야 할까?

실험을 해서 봉합은 되지만 약을 손상시키지 않을 수 있는 중간에 있는 온도를 찾게 된다. 즉, 최적화 기법을 이용하려고 한다. 만약 그 시스템이 최적화 온도가 존재해서 그것으로 해결된다면 아주 좋은 결과를 얻을 수 있다.

그러나 불행히도 많은 시스템에서 최적화가 두 가지 특성을 다 좋게 만들어 주

약병 밀봉 문제의 딜레마
너무 불꽃이 강하면 약이 손상되고, 너무 불꽃이 약하면 밀봉이 되지 않는다.
두 가지의 특성을 동시에 좋게 만들 수는 없을까?

는 것이 아니라 이것도 저것도 아닌 어정쩡한 경우가 많다. 봉합이 완벽하지는 않지만 약물 손상이 심하게 발생하지 않게 불꽃의 세기를 조절하거나, 약이 완벽하게 보호되지는 않지만 봉합 불량은 피할 수 있는 그런 온도를 찾아서 봉합 공정을 진행할 때가 많다. 그러한 해결안은 공정을 진행하는 과정에서 제품의 품질을 떨어뜨린다. 하나의 특성을 좋게 만들려고 노력하면 다른 특성이 나빠지고, 반대로 두 번째 특성을 좋게 하려고 노력하면 첫 번째 특성이 나빠지는 경우를 만나면 문제 해결안을 찾기가 매우 어렵게 된다.

봉합이 완벽하게 되고 앰플 안의 약도 손상이 전혀 가지 않는 해결안을 만들 수 있다면 최선의 해결책이 될 것이다.

모순(Contradiction)이란

앞의 사례처럼 하나의 특성을 향상시키기 위해 시스템의 프로세스를 개선하면 그 특성은 좋아지지만, 시스템의 또 다른 특성이 나빠지는 경우가 발생한다.

자동차에 있어서 중요한 특성 파라미터 중 하나로 가속성능, 제로백이라는 것이 있다. 멈춘 상태에서 얼마나 빠른 시간에 100km의 속도에 도달하는가를 제로백이라 한다. 보통 일반적인 차량은 제로백이 10초 내외이다. 사람들이 가속성능이 높은 자동차를 선호하기 때문에 자동차 회사는 제로백을 줄이기 위해 다양한 노력을 기울이고 있다. 그런데 제로백을 4초 5초대로 높이기 위해 엔진 수 및 용량을 크게 만들게 되면 연비가 나빠지게 된다. 반대로 연비를 좋게 하기 위해 배기량이 낮은 엔진을 사용하면 제로백이 큰 기동력이 낮은 차가

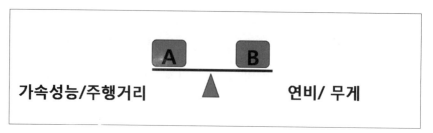

가속성능을 좋게 하,'? 연비가 나빠지고, 연비를 좋게하면 가속성능이 떨어지는 모순적 상황

되고 만다.

　이런 상황을 트리즈에서는 모순(contradiction)이라 한다. 다시 말하면 시스템에서 하나의 특성을 개선하면 다른 특성이 나빠지는 상황이 발생하는 것이다. 기존의 사고 방법으로 다룰 때 가장 우리를 당혹하게 만드는 문제이다.

2) 모순의 세 가지 분류

트리즈에서는 모순이 드러나는 방식에 차이가 있다고 설명한다. 그리고 그 차이를 행정적 모순, 기술적 모순, 물리적 모순이라는 세 가지 종류로 분류하고 있다. 다음 실제 사례를 통해 그 차이를 알아 보자.

문제: 폐수 파이프에서 다공성 슬래그가 넘쳐 흘러 나와 주변 환경 오염을 일으킨다

다공성의 화학 찌꺼기물인 슬래그를 파이프를 통해 폐수에 띄워 집진 통으로 이동시켜 처리하는 공정이 있다. 시간이 지나면서 이 폐수관에 다공성인 슬래그가 침전되고 막혀서 폐수가 넘쳐 흐르게 되었다. 이 때문에 슬래그가 공장 주위로 퍼져나가 환경 훼손 문제가 발생했다. 주민들이 이 공장을 신고하고, 벌금을 내는 일들이 반복되었다. 공장의 매니저는 이로 인해 골치가 아팠지만 어떻게 이 문제를 해결해야 하는지 방법을 알 수 없어 고민하고 있었다. 공장 내 담당자들이 문제해결방안을 모색했다. 그러나 담당 엔지니어는 문제해결을 위해서는 투자가 필요할 뿐만 아니라, 문제 해결의 결과 또 다른 문제가 발생할 수 있다고 보고했다.

이 문제의 해결을 위해서는 파이프가 막히지 않고 원활하게 흘러 나갈 수 있도록 폐수관의 경사를 높여 주어야 한다. 그런데 경사를 높이기 위해 폐수관의 한쪽을 올리게 되면 도로 바깥으로 돌출하게 되어 통행에 불편을 주고, 구청으로부터 행정 조치를 받게 된다. 그렇다고 다른 한 쪽을 지면 아래로 깊숙이 매립하려면 땅을 깊이 파야하고 작업하는 데 많은 어려움과 시간이 들게 된다. 현재 상태

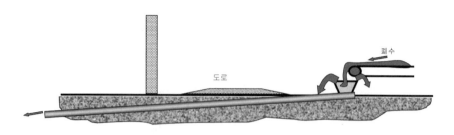

문제상황 – 다공성 슬래그가 넘쳐 흐르지 않도록 파이프를 매설하기가 쉽지 않다

를 유지하면서 문제를 해결하려면 폐수의 흐름을 원활하게 하게 위해 추가로 펌프를 구입하여 강한 수압으로 물을 보내면 되는데, 이는 비용도 증가하지만 전체적으로 시스템도 복잡해진다.

많은 경우 문제를 해결할 때 위에서 언급한 바와 같이 거시적인 시스템 수준에서 문제를 분석하고 해결안을 찾고자 시도한다. 하지만 보다 뛰어난 문제해결을 위해서는 미시적이고 구체적인 물리현상 수준에서 문제를 분석해야 한다.

문제의 분석

파이프 내부에 다공성 슬래그가 침전하여 폐수와 함께 원활하게 흘러 내려가지 않는 이유를 분석해 보자. 폐수 속의 슬래그는 물이 스며들며 무거워져서 물속에 가라앉아 폐수와 함께 이동하지 않고 관 속에 쌓여 물의 흐름을 막는다. 문제가 발생한 근본적인 원인은 다공성 슬래그에 물이 침투되어 무거워져서 운송 도중 아래로 침전되는 것이다.

그렇다면 이런 성질의 슬래그가 폐수에 혼합되어도 물을 흡수하여 무거워지지

현재 상태   필요한 상태

폐수 속의 다공성 슬래그

않고 물에 떠서 잘 떠내려가게 할 수 있는 방법은 무엇일까? 다공성 슬래그는 본
연의 물리화학적 특성으로 인해 물을 흡수하여 침전하지만, 폐수의 흐름에 방해
가 되지 않으려면 물을 흡수하지 않아야 한다. 현재 상태와 문제해결을 위해 필요
한 상태가 서로 다른 물리적 특성을 요구하고 있다.

세 가지 모순의 분류

앞의 사례에서 매니저가 느끼는 상황을 행정적 모순이라고 할 수 있다. 즉, 문
제가 발생했는데 어떻게 문제를 해결해야 할지, 문제 해결의 핵심이 무엇인지 모
르는 상황을 행정적 모순이라고 표현한다. 기술적인 모순은 해당 엔지니어가 고
민하듯이, 하나의 특성을 개선했을 때 다른 특성이 나빠지는 것을 말한다. 예를
들면, 파이프를 높여 경사를 크게 하면 슬래그가 잘 이동하지만 돌출하여 사람이
나 차량 이동을 방해하는 문제가 발생하는 경우에 해당된다. 물리적인 모순이라

는 것은 어떤 시스템의 문제를 만들어낸 근본 원인에 해당하는 모순으로써, 시스템의 하나의 요소에 서로 다른 물리적 특성이 요구되는 경우이다. 예를 들면, 한 부품이 뜨겁기도 해야 하고 차갑기도 해야 하다거나, 부드러우면서 딱딱해야 하는 등의 서로 다른 특성이 요구되는 것을 물리적인 모순이라고 정의 한다.

■ 행정적 모순

문제가 발생했는데 어떻게 문제를 해결해야 할지, 문제의 핵심이 무엇인지 모르는 상태에서 뭔가 해야 하는데 무엇을 어떻게 해야 하는지 모르는 상황을 행정적 모순이라 한다. 일반적으로 이런 모순은 인간과 기술 시스템 사이의 불협화음을 반영하고 있으며, 정확하게 표현된 경계와 규정을 가지지 않는다. 과제를 구체화하여 어떤 문제를 풀어야하는지 분석이 필요하다.

■ 기술적 모순

기술 시스템의 한 부분의 특성을 향상시키면 다른 특성이 악화되거나, 다른 부분에서 새로운 문제를 발생시키는 일들이 자주 발생하며 그것을 피할 수 없는 경우가 있다. 시스템의 한 특성은 개선했지만 다른 새로운 문제를 발생시킨다. 이런 상황을 기술적 모순이라고 규정한다. 트리즈 개발 역사에서 보면 처음 모순이란 용어를 사용한 것은 바로 기술적 모순을 의미했다. 이러한 기술적 모순을 창의적으로 해결하기 위해 많은 특허를 분석하였고, 그를 기반으로 모순을 해결하는 40가지 발명원리를 찾아내었다.

■ 물리적 모순

물리적 모순은 문제해결을 위해 시스템의 한 가지 요소가 서로 다른 물리적 상태를 요구할 때 발생한다. 예를 들면, 시스템의 한 요소에 대해 요구되는 물리적 특성이 "뜨겁고 차가운 것"이나 "무겁고 가벼운 것" 혹은 "자기적이며 비 자기적인 것"과 같은 서로 다른 특성이 요구되는 문제를 물리적 모순이라 규정한다.

문제를 창의적으로 해결하기 위해서는 문제를 물리적 현상 수준으로 미시적으로 분석하여 근본원인을 찾아내고 그 곳에 있는 물리적 모순을 규명해야 한다.

-행정적 모순
문제를 해결할 수 없는 단계로써 물리적 모순을 발견할 때까지 문제를 좀 더 명확하게 분석하도록 한다.

-기술적 모순
문제를 해결할 수 는 있지만 그 정확도와 효율이 높지 못하다. 물리적 모순을 찾을 때까지 더 분석해야 하는 단계이다.

-물리적 모순
문제를 해결할 확률이 매우 높은 단계로써 한 시스템에 요구하는 두 가지 극과 극의 단계를 잘 해결해주면 되는 것이다.

모순의 세 가지 분류

2. 모순의 해결 방법

모순의 종류에는 행정적 모순, 기술적 모순, 물리적 모순이 있다. 그중 가장 근본적인 모순은 물리적 모순이다. 무엇인가 하나의 요소에 서로 다른 물리적 특성이 요구되는 것이다. 문제를 물리적인 모순까지 분석하면 다음과 같은 3가지 원리를 가지고 창의적 해결안을 만들 수 있다.

1) 물리적 모순 해결의 3가지 원리

시간의 분리 – 서로 다른 특성이 다른 시간을 통해 나타난다

시간의 분리라는 것은 동일한 공간에 서로 다른 특성이 요구될 때 일정한 시간에는 하나의 특성을, 또 다른 시간에는 다른 특성을 갖도록 한다는 것이다.

여름의 늑대　　　　　　　　　　겨울의 늑대
털짐승은 여름과 겨울의 털 길이와 양이 달라진다 – 모순의 시간적 분리

예를 들면, 여우나 늑대의 털은 길어야 하고, 짧아야 한다. 여우나 늑대의 털이 여름에는 짧아야 하지만 겨울에는 길어야한다. 동물의 털에 서로 다른 특성이 요구되는 것이다. 길어야 하고, 짧아야 한다. 이것을 여우가 절충해서 적당한 길이로 하고 있으면 여름에는 더울 것이고, 겨울에는 추울 것이다. 하나의 요소에 서로 다른 특성이 필요하다면 시간에 따라 다른 특성이 나타나도록 시간분리를 해야 한다. 여우의 경우에는 여름엔 아주 털을 짧게 하고, 겨울에는 두껍게 하여 두가지 특성을 시간에 따라 분리한다. 이렇게 해서 모순을 해결하고 있다.

비행기 날개는 속도에 따라 크기도 하고 작기도 해야 한다. 예를 들면, 이륙을 위해 활주로를 달려 나갈 때 비행기 속도가 빠르지 않아 육중한 비행기를 띄우기 위한 양력을 만들기 위해서 비행기 날개는 커야한다. 그러나 비행기가 이륙하여 700km/h 이상의 빠른 속도로 비행할 때는 양력이 충분히 확보되어 날개가 크면 오히려 저항으로 작용하여 연료소비가 매우 크게 된다. 이때는 날개가 작아야 한다. 이런 문제를 해결하기 위해 초기에 사람들은 절충안으로써 날개를 적당한 크기로 만들었다. 그랬더니 날개가 충분히 크지 않아 속력을 얻어 양력을 받아 이륙할 때는 활주로가 길어야 했고, 비행 중에는 과도한 크기의 날개로 인해 연료의

비행기는 이륙할 때 속도가 높지 않아 필요한 양력을 얻기 위해 날개가 넓어야 하지만 날고 있을 때에는 속도가 빠르기 때문에 날개가 넓으면 추가적으로 공기 저항을 받기 때문에 날개가 넓으면 안 된다 – 모순을 시간 분리로 해결(이착륙과 비행)

소모가 컸다. 이러한 모순적인 상황을 해결하기 위해 지금은 날개를 동적으로 움직여 크기를 조절할 수 있게 만들었다. 즉, 이륙 및 착륙 시에는 비행기 날개를 크게 하고, 비행 중에는 날개를 줄여 작게 한다. 이것은 시간의 분리를 통해서 2가지 특성을 만족시킨 것이다. 물리적 모순을 만나게 되면 첫 번째 시간의 분리를 생각해야 한다.

다리를 놓을 때 기둥을 세운다. 기둥이 잘 박히기 위해서 밑 부분이 뾰족해야 한다. 뾰족하게 되면 기둥이 잘 박힌다. 그런데 박힌 상태에서 계속해서 뾰족하면 어떻게 될까? 계속해서 기둥이 바닥으로 박힐 것이다. 따라서 더 이상 기둥이 박히지 않도록 기둥의 밑은 뭉툭해야 한다. 서로 다른 특성이 요구되는 것이다. 어떻게 하는 것이 좋은가?

기둥을 박을 때는 뾰족하게, 다 박고나면 뭉툭해야 한다. 그래서 한 러시아 과학자가 두 가지 특성을 다 만족시켜주는 방법을 다음과 같은 방법으로 특허로 등록했다. 기둥 안에 너무 강하지 않은 폭탄, 시멘트, 물과 자갈을 넣어 기둥을 박은 후 폭탄을 터뜨려서 뭉툭하게 만든다.

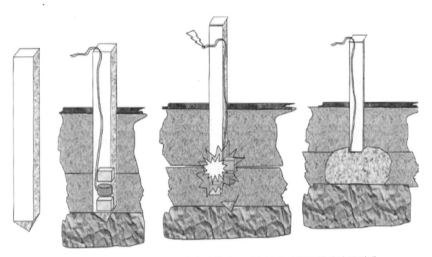

교각의 기둥이 제대로 박히기 위해서는 기둥 아래가 뾰족하면서 동시에
뭉툭해야 한다 – 시간의 분리를 이용해 해결

이렇게 하나의 요소에 서로 다른 특성이 요구되는 모순적인 상황을 만나면, 시간의 분리가 가능한지를 생각해야 한다.

우리가 일상생활을 하면서도 자주 이런 모순적 요구를 받게 된다. 예를 들면, 중소기업의 한 사장이 있다면 그 사람이 회사에 가면 사장으로써 회사를 책임지고 이끌어 나갈 특성이 요구된다. 전체를 보고 회사를 이끌어가고 직원을 적재적소에 배치하고 이윤을 내어 회사를 돌아가게 하는 종합적인 특성이 필요하다. 그러나 집에 가게 되면 사장으로써의 특성이 아니라 좋은 남편이자 아빠로서의 특성이 요구된다. 부모님 앞에 가면 좋은 아들의 모습이 나와야하고 친구들과 만날 때는 좋은 친구의 모습이 필요하다. 이것을 어떻게 해결해야 할까?

이 모순을 해결하기 위해서는 시간에 따라서 다른 모습이 나타나야 한다. 회사에서는 정말 프로페셔널한 사업가의 모습이 나와야 하고, 아내 앞에서는 좋은 남편의 모습이 발현되어야 하고, 아이들 앞에서는 좋은 아빠의 모습이 나와야 한다. 그렇지 않고 아이들 앞에서도 사장의 모습이 나온다면 안 될 것이다. 시간에 따라 그 상황에 맞는 특성이 발현되도록 모듈을 바꿔야 한다. 그래야 행복하고 효율적으로 인생을 살 수 있다. 재미없는 인생은 이것도 아니고 저것도 아닌 두루뭉술하게 사는 인생이다. 그때그때마다 서로 다른 특성이 나오도록 자기를 발현해야 한다.

공간의 분리 — 서로 다른 특성이 서로 다른 부분에서 나타난다

어떤 요소에 동시에 다른 특성이 요구될 때가 있다. 그럴 때는 공간의 분리를 해야 한다. 일정한 공간을 나누어서 한 공간에는 어떤 특성을 가지게 하고 다른 공간에는 다른 특성을 가지게 한다는 것이다.

인간의 뇌를 생각해 보자. 인간은 굉장히 냉철하고 논리적이고 체계적이며 이성적인 사고를 한다. 그러면서 동시에 감상적이고 낭만적이며 종합적이고 창의적인 사고를 해야 한다. 그러나 이 두 가지는 너무나도 다른 사고 체계라 양립할 수 없다. 두 가지 서로 다른 특성이 동시에 요구되는 모순적 상황이다. 서로 다른 두 가지 특성이 동시에 필요한 인간의 뇌는 공간을 분리하여 이 문제를 해결한다. 인간의 뇌는 좌뇌와 우뇌로 나누어져서, 좌뇌는 이성적이고 논리적인 부분을 관장하고, 우뇌는 감성적이고 종합적이고 예술적인, 창의적인 부분을 관장한다. 그렇게 공간 분리를 통해서 인간은 다양한 사고를 할 수 있게 되었다. 서로 다른 특성이 동시에 요구될 때는 공간의 분리를 통해서 서로 다른 특성을 갖도록 하는 것이

특정 거미의 거미줄은 거미가 다니는 길은 끈적이지 않게 되어 있다 – 모순의 공간 분리

필요하다.

거미줄에도 공간 분리의 비밀이 숨어 있다. 거미줄에는 서로 다른 두 가지 특성이 요구된다. 하나는 거미줄은 지나가는 곤충을 잡기 위해서 끈끈해야 한다. 또하나는 거미가 사는 장소(집)이기 때문에 자신이 달라붙지 않도록 끈끈해서는 안된다. 거미줄은 끈끈해야하며 끈끈해서는 안 된다. 거미는 이 모순을 해결하기위해서 종류마다 독특한 방법을 이용한다. 그중 한 종류의 방법은 거미줄을 씨실과 날실로 구분해서 씨실은 끈끈하지 않게 만들어서 본인이 그 줄을 타고 다니는방법을 사용한다. 공간 분리를 통해서 지혜롭게 문제를 해결한 경우이다.

동시에 서로 다른 특성이 요구될 때 공간을 나누어서 하나의 공간에는 필요한한 특성을 가지게 하고 다른 공간에는 다른 특성을 가지게 해야 한다.

로마시대의 투구를 보면 지혜롭게 필요한 두 가지 특성을 공간 분리를 통해 해

로마인들의 투구. 두꺼우면서도 동시에 가벼운 투구를 만들었다 - 모순의 공간 분리

결한 것을 볼 수 있다. 투구는 머리를 보호해 주기 위해 두껍고 안전해야 한다. 그래서 점점 투구가 두꺼워졌다. 그런데 계속해서 두꺼워지다보니, 너무 무거워서 전투가 힘들어지게 되었다. 투구가 두꺼우면서도 가벼워야 하는 문제가 발생하였다. 로마인들은 이 문제를 투구의 공간 분리로 해결했다. 전투에서 칼이 들어오는 부분은 두껍게 만들고, 나머지는 가볍게 만들었다. 이렇게 해서 가벼우면서도 두꺼운 투구가 만들어지게 되었다.

자동차 타이어를 보면 종합 엔지니어링 기술이 녹아있다. 타이어에 요구되는 특성이 아주 많다. 타이어는 못이나 돌 등으로부터 보호되어야 하고 동시에 쿠션을 유지하고 있어야 한다. 회전을 할 때는 차가 출렁거리지 않게 잘 잡아 주어야 하고, 길 표면에 물 등이 고여 있어 바퀴가 젖는다면 그 물이 빨리 떨어지게 하여 타이어의 지면 접촉력을 잘 유지시켜줘야 한다. 이런 서로 다른 특성을 어떻게 동시에 발현되게 할 수 있을까?

타이어의 공간을 분리하여 각각 필요한 기능을 분배한다 – 모순의 공간 분리

 타이어의 공간을 분리하여 필요한 부분에 그 특성을 갖도록 기술적으로 실현시킨다. 서로 다른 특성이 한 요소에 동시에 요구되는 모순된 상황이라면 두 번째로 우리가 생각할 수 있는 것은 공간의 분리에 의한 문제 해결 방법이다.

 자전거 뒷바퀴에 있는 기어는 체인과 연결되어 있기 때문에 강도가 높아야 한다. 그러나 너무 강도가 높다 보면 연성이 적어 충격을 그대로 전달하기 때문에 체인이 빨리 고장 나는 원인이 되기도 하며, 사람이 타고 있을 때 사람에게도 그 충격을 그대로 전달한다. 지면에서 전달되는 충격을 완화하기 위해서는 기어 부분의 소재가 연성을 가져야 한다. 그래야 충격이 흡수된다. 여기에도 하나의 요소에 두 가지 특성이 요구되는 모순적 상황이 숨어 있다. 즉, 두 가지 모순적 특성이 충돌되는 시스템인 것이다.

 이 모순을 해결하기 위한 창의적인 방법은 공간을 분리 해서 단단한 부분과 부드러운 부분을 나누는 것이다. 기어가 마모되지 않고 체인의 동력을 바퀴에 잘 전달하며 오래 쓸 수 있도록 표면 부분을 단단하게 열처리를 한다. 반면 내부는 충격을 흡수할 수 있는 연성을 갖도록 부드럽게 만든다. 자전거의 기어 부분은 이렇게 공간분리를 통해 강성과 연성을 동시에 갖게 되어 우리가 요구하는 두 가지 특성을 모두 만족시켜 준다.

관계변화에 의한 분리 – 시스템의 관계변화를 통해 서로 다른 특성이 나타나도록 한다

세 번째 모순해결 원리는 시스템을 변화시켜 서로 다른 특성을 갖도록 만드는 것이다. 관계변화에 의한 분리 원리는 여러 가지 형태로 나눌 수 있다. 첫째, 모노 시스템에서 다중 시스템으로 만드는 것이다. 즉, 하나의 모노 시스템으로 되어 있는 시스템을 멀티 시스템으로 만드는 것이다. 예를 들어, 케이블카를 이동

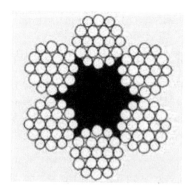 

무거운 짐을 들어올리기 위해서는 굵어야 하지만 굵은 철사는 유연하지 못하다 –
모노시스템을 다중시스템으로 변화시킨다

시키는 금속선(와이어)을 생각해 보자. 케이블카 와이어는 굉장히 강해야 한다. 튼튼하고 안전한 와이어를 만들기 위해서 직경이 큰 하나의 철선보다 직경이 작은 여러 개의 철선을 엮어서 만드는 것이 훨씬 좋다. 강할 뿐만 아니라 유연성을 가지고 있어 관리하기도 매우 편하다. 하나의 모노 시스템 보다 여러 개로 구성된 다중 시스템이 될 때 필요한 서로 다른 다양한 특성을 가질 수 있다.

때로는 시스템을 구성하고 있는 부분과 전체가 서로 다른 특성을 갖도록 할 수 있다. 예를 들면, 자전거 체인은 강력한 작은 부품으로 연결되어 있다. 그래서 체인이 가져야 하는 강한 특징과 무한궤도를 만들기 위해 필요한 유연성을 동시에 갖게 된다. 서로 다른 특성을 얻기 위해 다중 시스템을 만들 때 반시스템$^{anti-}$ ^{system}과 결합되는 경우가 많다. 예를 들면, 침대 밑에서 사용하는 독서등을 생각해 보자. 침대에 누워 간단히 책을 읽기 위해 불빛이 필요하지만 옆에서 자고 있는 상대방을 위해서 불빛이 멀리 퍼져나가면 피해를 주기 때문에 안 된다. 그래서 불빛을 만드는 전구와 불빛을 차단하는 차단막이 결합한, 즉 시스템과 반시스템$^{anti-system}$이 결합한 갓을 씌운 독서등을 만들어 사용하고 있다.

자동차에도 적용된다. 차는 잘 달려야 하지만 잘 멈추기도 해야 한다. 그래서 시스템과 반시스템인 브레이크 장치를 결합시켜 함께 사용한다. 연필 뒤쪽의 지우개도 같은 원리이다. 무엇인가 액션을 가하는 것과 액션을 막아주는 반시스템$^{anti-}$ ^{system}을 결합하면 다양한 특성을 갖는 더 완전해진 시스템을 구성할 수 있다.

관계변화에 의한 분리 원리의 또 다른 형태는 물리, 화학 지식을 이용하여 시스템이 주위 상황에 따라 서로 다른 특성을 갖도록 만드는 것이다. 예를 들면, 색깔이 변하는 안경을 생각해 보자. 우리나라는 여름에 자외선이 강렬하지 않지만 유럽 등에서는 자외선이 강해 여름에는 눈을 보호하기 위해 선글라스를 착용한다.

그런데 안경을 쓰는 사람들의 경우는 이런 선글라스를 따로 쓰는 것이 불편하다. 그래서 자외선을 받으면 검게 변하는 색깔 변경 안경이 만들어졌다. 염소 이온과 은 이온이 자외선 빛을 받으면 검은 색의 염화은 물질로 결합되어 안경이 검게 변하는 것이다.

이처럼 물리적, 화학적 지식을 사용하여 주위 환경에 따라 다른 특성이 발현되도록 시스템을 발전시키면 우리가 원하는 서로 다른 특성을 요구하는 모순적 상황을 창의적으로 해결할 수 있다.

교차로의 경우에 서로 다른 요구가 극명하게 대치되는 부분이다. 많은 특성이 요구되는, 서로 다른 이해관계가 충돌하는 곳이 교차로라고 볼 수 있다. 이 문제를 해결하기 위해서, 앞에서 언급한 것과 같이 물리적 모순을 해결하는 세가지 방법이 있다. 첫째는 시간의 분리이다. 하나의 시간에는 어떤 한 가지 특성을, 다른 시간에는 다른 특성을 가지게 해서 서로 다른 특성 요구를 만족 시킬 수 있다. 교차로에서 신호등을 이용하여 시간에 따라 순서적으로 차량이 이동하도록 하는 것이다. 두 번째는 공간의 분리이다. 만약 동시에 서로 다른 특성이 요구된다면 공간을 나누어서 각 공간에 다른 특성을 가질 수 있게 하는 것이다. 교차로에 고가를 만들어 서로 다른 공간을 통해 차량이 이동하도록 하여 동시에 차량이 가고 싶은 방향으로 가도록 만든 것이다. 세 번째는 관계변화에 따른 분리이다. 소방차나 앰뷸런스 차량처럼 특정 시그널을 내는 차량은 우선권을 가지고 지나갈 수 있도록 하는 것이다.

2) 40가지 발명원리 – 기술적 모순 해결의 원리

기술 시스템에서 하나의 특성을 개선하면 다른 특성이 나빠지는 경우를 기술적 모순이라고 정의했다. 트리즈 전문가들은 이런 모순을 가지고 있는 문제에서 최적화 값이나 적당한 중간 값을 찾지 않고 두 가지 특성을 모두 만족할 수 있는 방법이 있는가, 창의적인 해결방안이 있는가라는 시각을 가지고 특허를 분석했다.

많은 발명들과 수준 높은 특허를 분석한 결과 기술적 모순을 해결한 방법이 특정 원리를 반복적으로 사용하였다는 것을 알게 되었다. 이러한 반복되는 패턴, 공통적 원리를 정리한 것이 발명원리이다. 현재 40개의 주요 원리가 있으며, 이것은 기술적 모순 수준에서 모델링 된 창의적 문제 해결에 적용된다.

40가지 발명원리는 하루아침에 탄생한 것이 아니다. 오랜 세월동안 하나하나 그 원리를 찾아서 그것을 체계화 하고 검증해서 증명된 원리만 모은 것이다. 40가지 발명원리는 기술적 모순 상황에서 두 가지 특성을 다 얻을 수 있는 방법을 찾아내는 가이드 역할을 한다. 40가지 발명원리를 잘 활용하면 어려운 모순적인 상황을 손쉽게 해결할 수 있는 아이디어를 만들어 낼 수 있다. 다음은 40가지 발명원리의 구체적 내용이다.

40가지 발명 원리

1) 분할 : Segmentation
   a) 물체를 독립적인 여러 부분으로 나눈다 : 군대 식판.

b) 물체를 나눌수 있게 만든다 : 초콜릿.

c) 물체의 분할 정도를 높인다.

2) 추출 : Taking out, extraction

a) 물체에서 방해가 되는 부분이나 특성을 추출한다. 또는 물체에서 필요한 부분이나 특성만을 추출한다 : 비행기와 새들의 충돌은 심각한 문제이다. 이 문제 해결을 위해 몹시 놀란 새들의 울음소리를 녹음해서 재생시킨다. 필요한 부분만 추출해서 사용한다.

b) 물체를 동일한 부분으로 나누는 앞의 원리와는 다르게, 이 원리는 물체를 다른 부분으로 나눌 것을 제안한다.

3) 국부적 성질 : Local quality

a) 물체나 외부환경(외부모양)의 구조를 동질적인 것에서 이질적인 것으로 바꾼다.

b) 대상 물체의 여러 부분은 다양한 기능을 보유(수행)해야 한다.

c) 대상 물체의 각 부분을 작동을 위해 가장 좋은 조건으로 배치한다.

사례: 고품질의 강철로 만든 쇠줄 가격을 낮추기 위해서 표면층만 강철로 만들고 쇠줄의 나머지 부분은 비싸지 않은 철을 이용해 만든다.

사례: 탄광 작업 중 분진을 줄이기 위해서 굴착기와 적재기의 작업 장소에 원추형의 물안개를 분사한다. 물 입자가 미세할수록 분진억제 효과는 커지지만, 미세한 물 입자들이 형성하는 안개가 시야를 가려 작업을 방해한다.

해결책: 미세한 물 입자를 원추형으로 분사하고 그 주변에는 거친 물 입자

를 분사한다.

4) 비대칭 : Asymmetry

a) 대상 물체를 대칭 형태에서 비대칭 형태로 바꾼다.

b) 만약 대상 물체가 비대칭이면, 그 비대칭의 정도를 더 높인다.

사례: 비대칭 자동차 타이어는 한 쪽이 훨씬 강도가 높고 도로에 굴러다니는 돌멩이와도 그 마찰 저항이 높다.

5) 통합 : Merging

a) 동일한 물체 혹은 복합적 작업을 위해 물체를 통합하는 것.

b) 단일한 작업 혹은 복합 작업을 시간적으로 통합하는 것.

사례: 부피가 큰 화물을 트럭으로 운반하기 위해 화물을 싣고 내리는 장소에 크레인이 있어야 한다. 만약 사고 후 자동차를 견인하는 것과 같이 화물을 싣는 장소를 미리 알 수 없다면 적재하는 장소로 트럭과 크레인을 불러야 한다. 따라서 운반성을 높이기 위해 트럭과 크레인을 결합한 레커가 만들어졌다.

6) 다기능 : Multi-Function

대상 물체는 몇 가지 기능을 수행하는데, 이 덕분에 다른 물체에 대한 필요성이 사라진다.

사례: 에칭 작업을 하기 전에 기계 부품의 기름을 제거하는 작업을 해야하는데, 이 작업에는 시간이 소요된다. 그래서 이 두 가지 작업을 동시에

수행하는 용액을 개발했다.

7) 《마뜨료쉬까》 (포개기): Nesting

　a) 하나의 물체가 다른 물체의 안에 위치하고 있으며, 이 물체 역시 또 세
번째의 다른 물체 안에 위치하고 있다. 이런 식으로 계속 진행된다.

　b) 하나의 물체가 다른 물체의 내부를 통과한다.

　사례: 투폴레프는 연료 탱크를 비행기 ANT-25의 날개 부분에 장착했
고, 비행기는 러시아에서 미국까지 날아갈 수 있었다.

　사례: 자동차에 기름을 넣을 때 기름의 일부분은 날아간다. 이런 손실을 막
기 위해 미국의 기술자들이 두 쌍의 동축 호스를 사용하는 아이디어를 제안
했다. 안의 호스는 기름을 공급하고, 바깥 부분은 증기를 빨아들인다.

8) 평형추 : Anti-weight

　a) 대상 물체의 무게를 양력을 가진 다른 물체와의 결합을 이용해 상쇄한다.

　b) 대상 물체의 무게를 환경과의 상호 작용(공기-유체 역학을 활용)을 이용해
상쇄한다.

　사례: 무거운 화물을 운반하는 컨베이어 벨트의 지지대는 자주 고장이 난
다. 이 벨트를 액체가 담긴 통 위에 놓은 부유물 위에 설치하면 이런 고장
을 방지할 수 있다.

9) 사전 반대 조치 : Preliminary anti-action

　a) 대상 물체에 생겨서는 안 되거나 필요하지 않은 작동 압력에 저항하는

압력을 사전에 만들어 준다.

b) 만약 과제 조건 상 어떤 작동을 해야 할 때 미리 그 반대되는 작동을 완료한다.

사례: 강철로 된 스프링은 반제품 상황에서 사전에 잡아 늘리고, 비틀고, 다시 잡아 늘린 다음 그 후에 구불거리게 만들면 훨씬 단단해 진다.

10) 사전 조치 : Preliminary action

a) 미리 요구되는 작동을 수행한다(완전히 혹은 부분적으로나마).

b) 물체를 확보하는 데 소요되는 시간 손실 없이 가장 편안한 장소에서 작동을 할 수 있도록 물체를 미리 배치한다.

사례: 풀 씨를 넣은 축축한 흙을 판으로 만들어서 얼린 다음 농장의 경사진 곳에 놓아둔다. 봄이 되면 이 판은 녹고, 성장한 풀의 뿌리는 서로 단단히 고정되어 있다.

사례: 어느 회사가 폭발물을 제조하는지 알아내기 위해 미국에서는 강자성체 소재로 만든 라벨을 사용하도록 했다. 이 라벨 구성물은 큐리점 온도에 따라 달라진다. 따라서 폭발이 생기면 이 폭발물을 어디서 제조했는지 쉽게 알아낼 수 있게 되었다.

11) 사전 예방 조치 : Beforehand compensation

상대적으로 안정성이 높지 않을 때 미리 사고가 발생할 수 있는 요건들을 준비함으로써 상쇄한다.

사례: 언 물이 용기를 깨뜨리지 않게 하기 위해, 이 용기에 사전에 중심부

에 유연성이 있는 포말 재료로 된 실린더를 놓는다. 이 실린더에는 가스가 채워진 작은 구멍들이 있다. 가스 부피는 물이 얼 때 늘어나는 물의 부피보다 커야 한다.

12) 등위성 (높이 맞추기): Equipotentiality

작업 조건을 변경해서 대상 물체를 들어 올리거나 내리는 일이 발생하지 않도록 한다.

사례: 고속도로에서 안전성을 높이기 위해 가능하면 도로에 굴곡이 없도록 만든다.

13) 반대로 하기 : Do it in reverse

a) 과제 조건에 의해 제한을 받는 행위 대신 그 반대의 행위를 한다.

b) 물체나 외부 환경의 유동 부분을 고정시키도록 만들거나, 고정 부분을 유동화 한다.

사례: 동물에게 소인을 찍을 때 뜨거운 것을 사용하는 대신 액체 질소로 냉각된 도구를 이용하여 차갑게 하는 방법이 있다. 이것은 동물들에게 거의 고통이 없다.

14) 곡선화 : Curvature

a) 직선 부분에서 곡선 부분으로 전환하거나, 평평한 물체에서 곡선형 물체로 전환, 큐브나 평행 육면체에서 구형 구조로 전환하는 것.

b) 롤러, 공, 나선형을 이용.

c) 직선 운동에서 회전 운동으로 전환, 원심력을 이용.

사례: 자동차 수리를 좀 더 편하게 하기 위해 직선으로 뻗어 있는 컨베이어 대신에 회전형이 개발되었다.

15) 역동성 : Dynamics

a) 물체(혹은 외부 환경)의 특징은 작업의 매 단계마다 최적화 되도록 변해야 한다.

b) 물체를 서로서로 이동 가능하도록 부분으로 분할한다.

c) 만약 물체가 움직이지 않는 것이라면, 이것을 움직일 수 있는 것으로 만든다.

사례: 움직이는 사진을 가지고 하는 홍보 스크린(플라즈마-비전).

사례: 자동차 운전석이 운행시 낮은 다리 밑을 지나갈 때 밑으로 하강하는 자동차 구조가 설계되었다.

16) 부족/과잉 : Partial or excessive actions

만약 필요한 효과를 100% 달성하기 어렵다면 조금 낮게 혹은 조금 높게 달성하도록 한다. 이 경우 과제는 확연하게 단순화된다.

사례: 플라즈마 금속 절단 방법. 이것은 처음 절단을 할 때 ≪확실하게≫ 완전한(과잉의) 파워까지 아크를 발생하고 그 다음 약화시킨다.

사례: 원통을 얇게 페인트칠 하기 위해 과잉의 페인트를 바르고 원심력을 이용해서 여분을 제거한다.

17) 차원 바꾸기 : Dimension change

  a) 물체의 1차원 선 운동의 문제를 2차원 운동으로 만들면 이 문제는 해결된다. 마찬가지로 물체가 면 운동과 관련된 과제는 3차원의 공간으로 바꿔주면 해결된다.

  b) 단층 배열 대신 다층 배열을 이용한다.

  c) 물체를 경사지게 하거나 ≪옆으로 비스듬히≫ 놓는다.

  d) 해당 면의 반대쪽을 이용한다.

  e) 옆 면이나 기존 면의 반대쪽에서 발생한 광선을 이용한다.

  사례: 형광등이 차지하는 자리를 작게 하기 위해서 형광등을 직선(선)에서 나선(부피)으로 변형한다.

18) 진동 : Mechanical vibration

  a) 물체를 진동 운동으로 전환한다.

  b) 만약 진동 운동이 이미 이루어지고 있다면, 그 진폭을 확대한다(초음파 수준까지).

  c) 공명 주파수를 이용한다.

  d) 기계적 진동 대신 피에조-진동(압전)을 이용한다.

  e) 초음파 진동을 전자기장과 함께 사용한다.

  사례: 액체를 운반하는 진동 펌프가 개발되었다. 액체에 초음파로 진동을 일으키면서 유체의 분자간 결합과 접촉 표면에 대한 유체마찰을 약하게 한다. 펌프 속도는 증가한다.

19) 주기적 작용 : Periodic action

a) 연속적 작용에서 주기적 작용(파동)으로 이동한다.

b) 만약 작용이 이미 주기적으로 이루어지고 있다면 이 주기성에 변화를 준다.

c) 파동 사이의 휴지기를 이용한다.

사례: 전기 필터 정화 과정을 자동화할 수 있다. 이를 위해서는 필터 전극에 연속압력이 아닌 주기적으로 변하는 높은 압력을 가해주면 된다. 이때 먼지 층은 남아 있지 못하고 자체 무게 때문에 아래로 떨어진다.

20) 유용한 작용의 지속 : Continuity of useful action

a) 작업을 연속적으로 진행한다(물체의 모든 부분은 완전한 부하를 가지고 작업 시간 내내 작동해야 한다).

b) 사용되지 않는 작동이나 중간 작동을 제거한다.

사례: 통나무를 자르는데 사용되는 톱의 톱틀의 직선 움직임과 역방향 움직임.

사례: 그림을 인쇄하는 프린트와 프린트 헤드의 직선 움직임과 역방향 움직임.

21) 고속 처리 : Hurrying

과정이나 그 과정의 일부분 단계(예를 들면, 해롭거나 위험한)를 빠른 속도로 진행하는 것이다.

사례: 주조나 열처리시 금속의 냉각 속도를 높이면 금속의 강도도 높아지

지만 동시에 메짐도 상승한다. 그러나 냉각이 매우 빠르게 된다면 결정 구조가 채 나타날 수가 없어서 소위 말하는 금속 유리가 생겨난다. 이 금속 유리는 매우 성질이 뛰어나며 절대 파괴되지 않는다.

22) 해로운 것을 유익한 것으로 바꿈 : Convert harmful to useful

 a) 긍정적인 효과를 얻기 위해 해로운 요인들(환경의 해로운 작용을 포함하여)을 이용한다.

 b) 유해한 요소를 다른 유해 요소의 결합을 통해 제거한다.

 c) 유해 요소를 강화시켜 더 이상 유해하지 않도록 만든다.

 사례: 가장 뜨거운 여름 날 아스팔트는 거의 용융점까지 가열된다. 호주의 기술자들은 도로 밑에 관을 깔고 그 관을 따라 물을 순환시키자는 아이디어를 생각해 내었다. 두 가지 점에서 유익한 것이다. 온수를 만들어 낸다는 것과 자동차들이 미끄러질 위험성이 사라진다는 것이다. 일본 전문가들은 이 관에다 겨울에는 바이오 가스를 넣어서 아스팔트가 얼음으로부터 깨끗해지도록 만드는 아이디어를 생각해 내었다.

23) 피드백 : Feedback

 a) 피드백을 도입한다.

 b) 만약 이미 피드백이 되고 있다면, 그것에 변화를 준다.

 사례: 압연을 할 때 판의 정확한 크기를 알기 위해서 피드백 센서가 설치된다. 크기가 변함에 따라 센서는 방사 강도의 크기 변화에 대한 신호를 인식하고 작업자에게 전자총을 발사한다. 금속이 얇아지면 얇아질수록 전

자총은 천천히 방향을 바꾸게 되고, 금속은 더 강하게 가열된다.

24) 중간 매개물 : Intermediary

a) 작용을 옮겨주거나 전달해주는 중간 물체를 사용한다.

b) 쉽게 제거할 수 있는 다른 물체를 물체에 임시로 연결한다(일정 시간 물체에 다른 물체(쉽게 분해가 되는)를 결합한다).

사례: 구리와 알루미늄과 같이 이종 금속은 그 자체로도 용접이 잘 될 뿐 아니라 금속과도 용접이 잘 되는 중간 부재를 사용해서 합성한다.

사례: 바늘 모양의 라디에이터를 만들 때에는 에칭 방법이나 평삭 방법을 사용하면 문제가 발생한다. 이를 위해 필요한 모양의 구멍을 여러 개 뚫은 판을 추가적으로 사용하는 방법이 고안되었다. 이 판은 라디에이터 소재로 주조되었고, 나중에는 빼 버린다.

25) 셀프서비스 : Self-service

a) 물체는 그 스스로 보조와 수리 작업을 수행해야 한다.

b) 폐기물을 활용한다(에너지, 물질).

사례: 섬유판 제조시 폐수는 정수 작업을 거쳐 다시 사용되며 찌꺼기는 섬유 펄프로 사용된다.

26) 복제 : Copy

a) 어렵고, 복잡하고, 비싸고, 불편하거나 부서지기 쉬운 물체 대신에 단순화되고 저렴한 복제물을 사용한다.

b) 물체나 물체의 시스템을 광학적 복제물(모형)로 대체한다. 이때 크기 변화를 활용한다(복제물의 확대 혹은 축소).

c) 만약 시각적인 광학적 복제물을 사용할 경우, 자외선이나 적외선 복제물로 전환해야 한다.

사례: 용접 교육시 용접용 철사를 절약하기 위한 목적으로 압출기를 사용한다. 교육을 받는 사람은 생은 색깔을 입힌 물질을 압착해서(마치 튜브에서 풀을 짜듯이) 가늘게 실을 뽑아낸다.

27) 일회용품 (비싸고 긴 수명 대신 값싼 일회용품): Cheap short-living objects

값 비싼 물체를 가격이 저렴한 물체 여러 개로 대체한다. 이때 몇 가지 성질을 포기한다(예를 들면, 긴 수명).

사례: 일회용 주사기, 일회용 식기, 일회용 온도기 등.

사례: 길가의 위험한 부분을 구분 짓기 위한 장애물을 고안했다. 이 장애물은 무너지면서 이 장애물과 충돌한 자동차를 구해낸다. 받침대 하나는 쉽게 변형되도록 만들어 이것으로 하여금 충돌 에너지를 흡수하게 된다.

28) 기계시스템의 대체: Mechanics substitution/Another Sense

a) 기계적 구조를 광학적, 음향적 혹은 ≪후각적≫ 구조로 대체한다.

b) 물체와의 상호작용을 위해 전기장, 자기장, 전자기장을 활용한다.

c) 고정된 장에서 움직이는 장으로, 시간적으로 고착된 것에서 변하는 것으로, 구조가 없는 것에서 일정의 구조를 갖춘 것으로 전환한다.

d) 강자성 입자와 결합한 장을 이용한다.

사례: 용해된 금속 표면 위에 액체유리를 주조하는 방식으로 연마판유리를 만드는 방법.

사례: 연마된 부위의 표면과 부품에 크기나 모양에서 동일한 전위를 만들어 내면 연마된 부위는 부식되지 않는다.

29) 기체-액체 구조물 이용: Pneumatics and hydraulics

물체의 고체 부분 대신에 가스와 액체, 공기로 채운 것이나 물로 채운 것, 에어 쿠션, 유체역학, 하이드로제트를 이용한다.

사례: 캐나다 기술자들이 운동장 위에 강력한 공기 흐름을 이용해 순식간에 보이지 않는 돔을 만들어 내는 시스템을 개발했다. 이런 공기로 된 돔은 눈과 비, 한파로부터 보호해 준다.

사례: 몇 톤 무게의 강철 파이프를 용광로로 옮기는 것은 어려운 일이다. 이 용광로에 강력한 공기 흐름이 생기도록 구멍을 만들었다. 파이프는 이에어 쿠션으로 움직인다.

30) 얇은 막(유연한 막 및 박막 이용): Flexible shell and thin film

a) 평범한 구조물 대신에 유연한 막과 박막을 사용한다.

b) 물체를 유연한 막과 박막을 이용해 외부 환경으로부터 격리시킨다.

사례: 전기가열기는 진공의 반사경에 설치된 절연 파이프의 표면에 코팅한 열전도 필름 형태의 모양으로 채워져 있다.

사례: 벌크화물을 배로 운반할 때 화물이 움직이거나 화물 사이의 마찰로

정전기가 발생하여 폭발이 생겨서 배가 전복될 위험성이 있다. 때문에 이 화물을 유연하고 얇은 막으로 씌우고 그 아래의 압력을 낮춰준다. 외부 대기압이 안정적으로 화물이 화물칸에 달라붙도록 조여 주게 된다.

31) 다공성 물질 : Porous materials

　a) 물체를 다공성으로 만들거나 추가 다공성 요소(삽입물, 코팅 등)를 이용한다.

　b) 물체가 이미 다공성일 경우, 구멍들을 어떤 물질로든 다 채운다.

　사례: 납땜 방법의 경우, 땜납의 상승은 쇠그물이 납땜 통에 가라앉을 때 발생하는 모세관 힘에 의해 발생한다.

32) 색상 변경 : Colour changes

　a) 물체의 색깔이나 외부 환경의 색채를 변화시킨다.

　b) 물체의 투명성이나 외부 환경의 투명성 정도를 변화시킨다.

　c) 관찰하기 어려운 물체나 공정을 관찰하기 위해 유색 첨가제를 사용한다.

　d) 만약 그러한 첨가제를 이미 사용하고 있다면 발광 물질을 이용한다.

　사례: 자동차 운전사는 뒷 유리에 반사되는 다른 자동차의 헤드라이트 때문에 눈이 안 보일 수 있다. 때문에 뒷 유리를 필름을 이용해 필요할 경우 운전자가 보내는 전기 신호가 작동하면 투명하지 않게 변하도록 만들었다.

33) 동질성 : Homogeneity

　대상 물체와 상호 관계를 맺고 있는 물체들은 똑같은 재료로 만든다(혹은 특성 상 대상 물체와 유사한 재료).

사례: 슬라이드 베어링에 기름칠을 할 때 오일제로 베어링 패드와 동일한 재료를 사용한다.

사례: 주물로 틀을 이용해 제품의 형태를 만들었을 때 수축되는 부분을 보상하기 위한 방법으로 이 틀을 제품과 같은 재료로 만든다.

34) 폐기 및 재생 : Discarding and recovering

a) 물체의 어느 부분이 자신의 기능을 전부 수행했거나 더 이상 필요성이 없어졌을 때 작업 과정에서 즉시 폐기되거나(용해, 증발 등) 다른 형태로 변화되어야 한다.

b) 완전히 소비된 부분은 작업 과정에서 즉시 재생되어야 한다.

사례: 우주로 로켓을 발사할 때 센서 장비들에게 영향을 주지 않기 위해 폼 플라스틱 안에 장착되어 있다. 이것은 완충제 역할을 다 한 후, 우주에서 증발한다.

사례: 부품의 내부 공간을 그릿 블라스팅 하기 위해 모래나 산탄 대신 드라이 아이스 조각을 사용한다. 작업 후 이것들은 증발해서 기계를 더럽히지 않는다.

35) 물리-화학 특성 변화(속성 변경): Paremeter changes

a) 물질의 상태를 변화시킨다(고체-액체-기체 변화뿐 아니라 의사상태[pseudo-state] 포함).

b) 농도 또는 밀도를 바꾼다.

c) 탄성 정도를 바꾼다.

d) 온도를 바꾼다.

사례: 부품에 뿌리는 냉각 가스 속의 물방울은 순간적으로 냉각되어서 얼음 구슬로 변해 부품 가공하는 데 산탄 못지 않은 역할을 한다.

사례: 톱질의 생산성을 높이기 위해 톱으로 잘라야 되는 나무 부분을 고주파로 가열한다.

36) 상전이 : Phase transtion

상전이시 발생하는 현상을 이용한다. 예를 들면, 부피 변화, 열 발생 혹은 열 흡수 등.

사례: 윤활-냉각수를 연마석 형태로 얼려서 금속을 가공하는 공간으로 제공한다.

사례: 화물을 평평한 판 여러 개로 들어 올리는 잭이 고안되었다. 이 판 하나하나는 가열을 하면 구부러지도록 되어 있다.

37) 열팽창: Thermal expansion

a) 재료의 열팽창(혹은 수축)을 이용한다.

b) 다양한 열팽창 계수를 가진 재료들을 이용한다.

사례: 다른 열팽창 성질을 가진 두 가지 재료를 합성하면, 이런 합성 구조는 가열시 구부러진다. 이것은 특정 온도에 다다르면 자동으로 꺼지는 주전자와 같이 전원을 자동으로 끊어 버리는 데에 이용된다.

38) 강 산화제 : Strong oxidants

　　a) 일반 공기를 농축 공기로 전환한다.

　　b) 농축 공기를 산소로 전환한다.

　　c) 이온 방사를 이용해 공기나 산소에 상호작용한다.

　　d) 오존(이온화)화된 산소를 오존으로 전환한다.

　　사례: 곡물 소독을 위해 소독제로 오존을 사용한다.

　　사례: 계란의 표면에 보호막을 만들기 위해 파라핀 용액에 넣은 다음 오존으로 처리한다. 그러면 오랫동안 보존할 수 있다.

39) 불활성 환경: Inert atmosphere

　　a) 일반적 환경을 불활성으로 대체한다.

　　b) 진공에서 공정을 진행한다.

　　사례: 음료수 캔을 만들 때 음료수를 얼린 다음 진공에서 건조시킨다.

40) 복합재료 : Composite materials

　　동질재료에서 복합 재료로 전환한다.

　　사례: 철콘크리트의 사용.

　　사례: 강철 케이블은 그 무게와 낮은 내부식성 때문에 심해에서의 작업에는 적합하지 않다. 폴리에스테르와 케블라를 혼합한 복합 재료로 만든 케이블은 강도가 높고, 부식에 강하며 가볍다.

3) 모순 해결 원리의 적용 방법

우리가 다루고 있는 문제가 모순적 문제라면 위에서 설명한 40가지 발명원리와 3가지 분리의 원리를 사용하여 창의적인 해결방안을 만들어 낼 수 있다. 문제를 분석하여 문제를 발생시킨 핵심 요소를 찾아 물리적 모순을 찾아냈다면 물리적 모순해결의 3가지 원리 −시간적 분리, 공간적 분리, 관계 변화적 분리−를 이용하여 해결안을 만들어 내면 된다.

40가지 발명원리는 기술적 모순을 해결하는 원리이다. 과거 모순테이블을 만들어 충돌하는 39가지 특성변수를 이용하여 내가 다루는 시스템에 적용할 수 있는 구체적 원리를 선택해서 활용하려고 노력하였다. 하지만 다양한 시스템에 적용할 특정 발명원리를 추출하는 것이 실제 상황에서는 어려워 대부분의 전문가들은 모순 테이블을 사용하지 않는다.

여기서 이해해야 할 사실은 모순의 핵심은 물리적 모순이며, 기술적 모순을 더 깊이 분석하면 물리적 모순을 발견할 수 있다는 것이다. 따라서 40가지 발명원리는 크게 3가지 분리 원리로 분류할 수 있다.

시간적 분리에 해당하는 발명원리

6(다기능), 9(사전 반대조치), 10(사전 조치), 11(사전 예방조치), 15(역동성), 16(부족/과잉), 18(진동), 19(주기적 작용), 20(유용한 작용의 지속), 21(고속처리), 27(일회용품), 28(기계시스템의 대체), 34(폐기 및 재생), 36(상전이).

공간적 분리에 해당하는 발명원리

1(분할), 2(추출), 3(국부적 성질), 4(비대칭), 7(포개기), 14(곡선화), 15(역동성), 17(차원 바꾸기), 24(중간 매개물), 26(복제), 30(얇은 막), 33(동질성).

관계 변화적 분리에 해당하는 발명원리

● 모노 시스템에서 다중 시스템으로 전환: 1(분할), 3(국부적 성질), 5(통합), 7(포개기), 17(차원변경), 24(중간 매개물), 31(다공성 물질), 40(복합재료).

● 반시스템$^{anti-system}$으로 전이/활용: 4(비대칭), 8(평형추), 12(등위성), 13(반대로 하기), 22(해로운 것을 유익한 것으로 바꿈), 37(열팽창).

● 상변이 및 물질 상태 변화를 이용: 29(기체-액체 구조물), 34(폐기 및 재생), 35(물리-화학 속성변경), 36(상전이), 40(복합재료).

● 물리적-화학적 효과 활용: 14(곡선화), 18(진동), 23(피드백), 25(셀프 서비스), 28(기계시스템의 대체), 32(색상 변경), 34(폐기 및 재생), 37(열팽창), 38(강산화제), 39(불활성 환경).

큰 틀에서 모순은 시간에 따른 분리, 공간에 따른 분리, 관계 변화에 따른 분리의 개념을 이용하여 문제를 해결하고, 그 각각의 경우 좀 더 구체적인 개념을 40가지 발명원리를 이용해서 생각해 보는 것이다. 40가지 발명원리와 3가지 분리 원리를 이용해서 문제를 해결한다면, 굉장히 창의적인 해결방안을 생각해 낼 수 있을 것이다.

3. 모순의 규명과 해결 훈련

문제1: 왕의 배에 가장 먼저 손이 닿는 사람만이 후계자가 될 수 있다

유럽의 전설에 의하면, 중세 시대 어느 왕국의 정복자 왕은 무수히 많은 나라를 치며 강력한 왕권을 만들었다. 이 왕에게는 아들이 세 명 있었다. 왕이 나이를 먹게 되니 후계자를 누구로 할 것인지가 관심사가 되었다. 하루는 왕이 전쟁을 떠나기 전에 세 아들을 부른 뒤 이번 출정이 자신의 마지막 전쟁이 될 것이며, 전쟁에서 돌아오면 곧 세 명 중에 한 명을 선택하여 왕의 후계자로 삼을 것이라고 선언했다.

몇 년 후 왕이 귀환했다. 왕은 배에서 내리지 않고 아들들을 해안가로 불렀다. 왕은 배의 앞머리에 서서 해안가에 서있는 3명의 왕자들에게 이같이 말하였다.

"너희들 중 가장 빨리 손이 내 배에 닿는 자가 내 후계자가 될 것이다."

말이 끝나자 첫째 왕자가 바닷가로 뛰어들어 배를 향해 헤엄을 치기 시작했다. 둘째 왕자도 질세라 금방 바다로 뛰어들어 아버지가 타고 있는 배로 헤엄치기 시작하였다. 하지만 막내아들은 바로 뛰어들지 못했고 잠시 생각을 하더니 헤엄을

치지 않고 형들과 다른 방법을 취했다. 자신이 지금 뛰어들어 헤엄을 쳐서 왕의 배로 다가간다 해도 이미 형들보다 빠르게 배에 도착하기 어렵다는 것을 안 것이다. 그런데 왕이 된 것은 바로 이 셋째 왕자였다. 도대체 셋째 왕자가 무슨 행동을 한 것일까?

대답을 얻기 전에 상황을 정확히 분석하는 것이 중요하다. 우리는 답변을 찾고 뭔가 아이디어를 만드는 데 매우 빠르게 행동한다. 하지만 문제의 답을 구하기 전에 문제의 핵심을 파악하고 정확히 무엇을 풀어야 하는지 문제정의를 잘 하는 것이 중요하다.

이 문제의 경우 왕권을 계승할 수 있는 조건이 무엇인가를 정확히 이해해야 한다. 왕은 자신의 대를 이어 대국을 지배하고 다스리기 위해 지혜롭고 용감한 아들을 후계자로 선택하길 바랐다. 그래서 해변에 서있는 왕자들을 향해 제일 먼저 손이 왕의 배에 닿는 자가 후계자가 될 것이라 약속했다. 왕권을 계승하기 위한 유일한 조건은 손이 왕이 타고 있는 배에 먼저 닿는 것이다. 그런데 해변에 서 있던 셋째 왕자가 왕이 되었다. 그가 왕이 되었다는 것은 그의 손이 왕이 타고 있던 배에 닿았다는 것을 의미한다.

이 상황을 보면 우리는 전형적인 모순적 상황임을 알 수 있다. 셋째 왕자는 해변에 있는데, 동시에 왕의 배에 있어야 한다. 정확하게 말하면 손이 왕의 배에 닿아야 한다. 즉, 해변과 바다에 떠있는 왕의 배에 동시에 있어야 하는 모순적 상황이다.

이렇게 상황을 정확히 이해하면 - 동시에 서로 다른 특성을 가져야 한다 - 문제해결을 위해 공간적 분리 원리를 적용할 수 있음을 파악할 수 있다. 앞에서 말한 공간적 분리 원리를 생각해 보자: 1(분할), 2(추출), 3(국부적 성질), 4(비대칭), 7(포개기), 14(곡선화), 15(역동성), 17(차원 바꾸기), 24(중간 매개물), 26(복제), 30(얇은 막), 33(동질성). 위에서 1(분할), 2(추출), 15(역동성)의 개념을 이용해 보면 셋째 왕자가 어떻게 그런 모순적 상황을 해결했는지 아이디어를 만들어 낼 수 있다. 왕자는 필요한 부분인 손목(왼손)을 잘라 왕이 타고 있는 배로 던져 자신의 손이 제일 먼저 배에 닿게 한 것이다.

문제2: 황산구리 용액을 이용한 구리 코팅의 생산성 향상

메탈 와이어 표면에 구리 코팅을 하는 방법은 다양하다. 그중 한 방법은 메탈 와이어를 황산구리 용액에 담가 이동 시키는 것이다. 그러면 철 와이어 표면에 구리가 도금된다. 그런데 이 프로세스의 속도를 높이기 위해 용액의 온도를 높이면 생산력은 높아지지만 용액 안에서 구리가 석출되어 바닥에 침전된다. 이렇게 되면 오염이 될 뿐만 아니라 와이어 표면에 불규칙하게 달라붙어 제품의 품질을 떨어뜨린다. 전형적인 기술적 모순에 해당된다. 즉, 하나의 특성을 개선하면 다른 특성이 나빠지는 시스템이다. 생산 속도도 빠르면서 제품의 품질도 향상 시킬 수 있는 방법이 있을까?

이 상황을 좀 더 분석해 보자. 기술적 모순을 가지고 있는 시스템에서 서로 다른 특성이 요구되는 구체적인 대상을 찾아 물리적 모순을 도출하는 것이 중요하다. 구리 코팅 시스템에서 서로 다른 특성 요구가 충돌되는 물질은 용액이다. 프로세스 속도를 높이기 위해 용액의 온도는 높아야 하고, 구리가 용액내 석출되어 품질이 떨어지는 것을 막기 위해서는 온도가 낮아야 한다. 즉, 황산구리 용액의

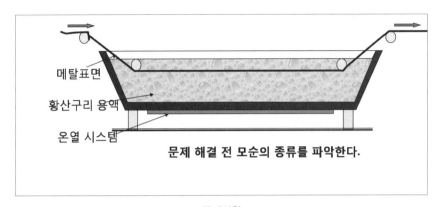

문제상황
황산구리 용액에 메탈 표면을 코팅할 때 생산성도 높이고 제품의 질도 확보할 수 있는 방법은?

온도는 동시에 높아야 하고, 낮아야 한다는 물리적 모순상황이다.

동일한 시간에 서로 다른 특성이 충돌되는 물리적 모순을 해결하는 방법은 공간적 분리 원리를 이용하는 것이다. 공간적 분리에 해당하는 발명원리는 다음과 같다: 1(분할), 2(추출), 3(국부적 성질), 4(비대칭), 7(포개기), 14(곡선화), 15(역동성), 17(차원 바꾸기), 24(중간 매개물), 26(복제), 30(얇은 막), 33(동질성).

여기에서 3(국부적 성질)을 이용하면 전체 용액을 가열할 필요가 없이 코팅이 되고 있는 와이어 표면의 온도만 국부적으로 높이면 된다는 해결방안을 도출해 낼 수 있다. 따라서 기존에 용액을 가열하여 용액 전체의 온도를 높이는 대신 와이어를 가열하여 용액에 담가 지나가게 하면 된다.

6장

창의적 사고의 기술을 배운다는 것은

1. 왜 트리즈인가?

인류는 자연을 이용하기 시작하면서부터 창의적인 활동을 해왔다. 도구를 사용해 사냥을 했으며, 나뭇가지를 이용해 땅을 파는 등의 활동이 그것이다. 이것은 자연 속에서 생존을 위한 인간의 문제해결 방법이었다. 동시에 보다 더 날카로운 도구를 사용하는 것 혹은 땅을 파면서 나뭇가지보다 더 쉽고, 더 깊게 땅을 팔 수 있는 도구를 생각하는 것과 같이 새로운 문제를 발견하고 해결해 왔다.

인류는 초기에는 자연을 모방하면서, 그 다음에는 자연을 응용하면서, 인공의 시스템을 만들었고, 이렇게 문명이 시작되었다. 인류가 만들어낸 인공의 시스템은 과학과 기술의 이름으로 발전해 왔다. 시간이 지나면서 그 발전의 속도는 빨라졌으며, 그 변화의 성질은 가히 혁명적이 되었다. 그리고 이 모든 변화를 만들어내는 것은 바로 인간의 창의성이다.

오랫동안 창의성은 신비의 영역이었다. 이것은 신이 주는 영감이며 뮤즈였다. 신의 선물이자, 신의 의도에 과학이 개입할 여지는 없었다. 창의성에 대한 과학적 연구는 19세기부터 시작된 '창의성은 유전인가? 환경인가?' 라는 논쟁 속에서 본격적으로 발전하기 시작했다. 한편에서 창의성은 인간의 무의식의 작용이자,

발현이 되었다. 프로이트는 창의성이 무의식의 세계에서 상징적으로 만들어지는 아이디어부터 나온다고 주장했다. 또 한편에서 창의성이란 사고와 경험의 통합으로 형성되는 정신의 한 형태이며, 새로운 관점으로 형태를 바라볼 때 창의성이 나온다고 주장했다. 이렇게 창의성은 심리학의 영역에서 연구되고 발전되었다.

20세기 들어와서 창의성은 이제 누구나 가지고 있는 일반적인 능력으로 정의되고 있다. 이제 그 능력을 계발하기만 하면 누구나 창의적인 인간이 될 수 있다. 처음 이 창의성은 지능의 일부였으며, 뇌의 게으름(심리적 관성이나 고정관념)을 극복하기 위해 외부에서의 자극과 충격을 주면 각성되는 것이었다. 최근에는 모든 창의적 행동이란 생물학적, 심리학적, 사회적 요인들에 의한 복합적인 상호작용이라고 주장한다.

20세기 중반에 등장한 트리즈는 심리학적 접근을 기본으로 하는 기존의 창의성의 개념과는 차별화된 배경을 가지고 있다. 기존의 창의성 연구가 인간의 심리, 인간의 주관성을 강조했다면, 트리즈는 기술 시스템 발전에 대한 객관적인 연구와 인간의 창의적인 결과물인 발명특허에 대한 분석을 기반으로 창의적인 문제해결의 과정을 일반화한 것이다.

트리즈는 자연의 법칙과 과학기술의 발전 법칙 그리고 이 세계를 인식하는 인간의 철학적 사고 방법을 기반으로 만들어졌다. 트리즈에는 이 세계는 모순의 발견과 그 모순의 극복을 통해 발전한다는 변증법적 사고가 녹아 있다. 이 모순 극복의 방법을 자연의 법칙과 기술의 발전 법칙을 토대로 일반화하였다. 트리즈에서는 모든 사물이나 모든 문제를 독립적으로 바라보지 않는다. 모든 물체, 모든 문제를 다차원의 관계 속에서 전체적으로 바라보는 시스템적 사고를 가지고 문제를 해결한다.

트리즈는 새로운 아이디어를 만들어내는 방법을 근본적으로 바꿀 것을 제안한다. 자신이 가지고 있는 지식과 경험에 기초하여 여러 가지 방법을 시도해 보는 대신 체계적인 사고의 과정을 제안한다. 이 체계화된 사고의 과정을 따라 문제를 해결한다면 충분히 창의적인 해결 방법과 창의적인 아이디어를 만들어 낼 수 있음을 많은 사례와 실험으로 증명해 보였다. 이것이 지금 트리즈가 매우 빠르게 발전하고 있는 이유이다.

트리즈의 체계적 사고를 이루는 커다란 줄기는 시스템적 사고, 자원, 이상성과 이상적 해결안, 모순의 이해와 그 해결, 그리고 시스템 진화법칙이다. 우리가 문제를 해결하고자 할 때 이러한 개념을 따라 사고한다면 충분히 효율적이며 혁신적인 아이디어들을 만들어 낼 수 있다.

그런데 여기서 특히 강조할 것은 트리즈란 결코 인간의 창조적 능력과 지식을 대체하는 것이 아니란 사실이다. 트리즈는 단지 창의성을 보다 높은 수준으로 끌어 올리고, 이미 보유하고 있는 지식 활용의 효과를 높여주는 생각하는 방법을 가르쳐주는 역할을 할 뿐이다.

트리즈는 사고의 기술이다. 따라서 기타 다른 직업이나 학문과 마찬가지로 기초에 대한 진지한 학습과 독자적으로 과제 해결을 하는 실전훈련이 요구된다. 습관처럼 굳은 사고의 방식을 바꾸는 것은 생각처럼 쉬운 것이 아니며, 트리즈 기법을 자유롭게 사용하기 위해서는 상상력의 힘이 필요하다. 이 능력의 계발에도 많은 시간과 노력이 필요하다.

국제트리즈협회(MATRIZ)에서는 트리즈를 기본에서부터 전문적으로 활용 가능한 수준까지 구분하여 트리즈 전문가 Level별 훈련 프로그램을 제안하고 있다. 트리즈의 기본 개념을 익히고 훈련하는 트리즈 전문가 1Level 프로그램은

16~24시간의 교육으로 이루어져 있다. 트리즈의 문제해결 도구들의 이해와 활용, 실습을 내용으로 하는 트리즈 전문가 2Level 프로그램은 40~80시간을 제안한다. 창의적 문제해결을 위한 기본 개념과 각각의 문제해결도구들을 체계적이며 순차적으로 활용하여 실제로 현장의 실제 기술 문제를 해결하는 트리즈 전문가 3Level 교육은 80 시간 이상을 권장한다.

트리즈 전문가 4Level과 5Level은 실제 현장에서의 트리즈 활용 경험과 실적을 위주로 심사하여 결정한다. 4Level 자격을 취득하기 위해서는 트리즈를 적용하여 문제를 해결하고 특허를 취득하였거나, 실제 생산현장에 적용한 성과를 제시하여야 한다. 5Level 전문가는 트리즈 마스터로서, 트리즈의 과학적, 학문적 발전에 기여한 공적으로 결정된다. 물론 이것은 알츠슐러와 트리즈 전문가들이 트리즈를 배우고 활용하는 데 필요하다고 판단하는 일반적인 기준이다. 중요한 것은 트리즈라는 사고의 기술은 노력 없이 쉽게 얻어지는 것이 결코 아니라는 사실이다.

창의성의 기술은 누구나 익히고 활용할 수 있다. 그러나 창의성이란 어느 한 순간에 얻게 되는 통찰력이나 영감이 아니라 노력과 훈련의 결과이다.

2. 트리즈는 계속 발전하고 있다
- 트리즈의 문제해결 도구들

창의적 문제해결의 프로세스를 일반화한 창의성 이론인 트리즈는 그 자체 역시 시스템으로서 발전의 과정 속에서 계속 변화되고 개선되고 있으며, 그 적용 영역도 확대되고 있다.

알츠슐러는 트리즈를 개발한 초기 시절 문제해결을 위해 모순을 규명하고, 모순을 해결하기 위한 발명 원리를 표로 이용하여 적용하는 방법을 고안했다. 그러나 곧 이 방법이 불완전하다는 것을 깨달았다. 실제로 현장에서 모순을 제대로 찾아내는 것은 쉬운 일이 아니었다. 모순 해결 원리를 적용하기 위해서는 문제의 예비 분석이 필요했다. 모순 해결 원리를 적용하기 위해서는 이른바 상식으로는 이해할 수 없는 엉뚱한 아이디어를 받아들일 수 있는 상상력이 필요했다. 이런 요구들을 해결하는 방법들을 개별적으로, 혹은 우연적으로 적용하는 것이 아니라 하나의 강력하고 체계적인 시스템으로 만들고, 종합적으로 적용하고자 했다. 이렇게 해서 창의적 문제해결 알고리즘(ARIZ)이 만들어졌다.

최초의 알고리즘은 이미 1950년대에 만들어졌다. 이 후 창의적 문제해결을 위한 사고체계인 알고리즘은 계속 변형되면서 현재까지 개선되고 있다. 이 과정에서 여러 가지 새로운 질문이 등장하였고 이에 대한 답을 찾으면서 창의적 문제해결 알고리즘은 발전했다. 창의적 아이디어를 생각해내고 적용하기 위해서는 사고의 관성을 극복해야만 했다. 이 과제의 해결을 위해 '창의적 상상력 개발'Development of Creative Imagination이라는 새로운 분야가 만들어졌다. 이 분야 안에서 시스템적 사고 훈련을 위한 다양한 기법들과 작은사람이라는 이미지를 만들어 시스템이나 그 프로세스를 상상하게 만드는 작은사람모델링, 형태-시간-비용을 자유롭게 변형하여 상상하는 훈련, 공상과학소설의 아이디어 발상 공식을 활용하여 아이디어를 만들어내는 훈련 등이 개발되었다.

문제를 분석하고 해결하기 위한 효과적인 도구로서 물질장 분석Su-Field Analysis과 표준해Standards라는 분야가 개발되었다. 물질과 장의 다양한 상호 관계를 분석하여 몇 가지 모델로 일반화한 것이 물질-장 분석이며, 각각의 모델에는 동일하게 해결되는 패턴이 있음을 밝히고 이를 일반화한 것이 표준해 혹은 창의적 문제해결의 표준 방법이다. 문제를 해결하는 과정에서는 다양한 과학적 지식이 요구되었다. 그러나 이론 그 자체가 아니라 기술적 상황에 맞게 응용된 과학적 정보와 지식이 필요했다. 이에 따라 물리학과 화학, 기하학, 생물학 등에서의 과학 지식을 기술 문제 해결에 맞게 응용한 효과Effect라는 분야를 개발했다.

이렇게 계속해서 변형되고 개선된 창의적 문제해결 알고리즘(ARIZ)의 마지막 형태는 1985년에 개정된 것으로, 총 9개의 파트로 구분되어 있으며, ARIZ-85-C라는 명칭으로 불리고 있다.

알츠슐러는 이 ARIZ-85-C의 단점을 잘 알고 있었다. 특히 문제상황에서 과제를 정의하는 부분이 이 알고리즘에서는 취약했다. 이 부분에 대해서는 이후 그의 제자들이 알츠슐러의 요청에 의해 계속해서 연구하고 있으며, 연구자들마다 새로운 알고리즘을 제안하고 있다.[*]

1985년 이후 알츠슐러는 동료와 함께 창의적인 개인의 특성에 대한 연구를 본격적으로 시작하여 생애 말년까지 이 분야에 헌신하였다. 트리즈의 교육 효과를 어떻게 극대화할 수 있을 것인가라는 고민에서 시작되었던 이 연구는 1,000명의 창의적 인물에 대한 연구와 분석을 통해 창의적인 개인이 만들어지는 과정에 대한 몇 가지 공식을 만들어냈다. 가치있는 목표를 어떻게 설정할 것이며, 그 목표를 달성하기 위한 세부 계획과 계획의 실행 방법으로 이루어진 이 공식은 창의적 삶의 전략이 된다. 이 공식의 기본은 창의적 개인과 개인의 창의성 발현의 장애가 되는 외부 환경과의 '게임'의 법칙이다. 이 분야의 연구는 러시아의 교육자들에 의한 창의 교육에서 계승 발전되고 있다.

---

[*] 러시아에서는 기술문제해결알고리즘(ARIP), 크리스마스 트리 등 새로운 알고리즘이 개발되어 현장에 적용되고 있다. 1990년 미국을 중심으로 모던 트리즈가 등장하여 다양한 혁신 기법들을 결합하여 새로운 문제해결도구(Innovative Situation Questionnaire, Problem Formulation 등)와 새로운 응용분야(Anticipatory Failure Determination, Directed Evolution 등)를 개발하고 있다.

3. 트리즈는 계속 확대되고 있다
- 기술 분야를 넘어서는 트리즈

트리즈는 기술 시스템에서의 문제를 다루기 위해 만들어졌다. 그렇다면 트리즈는 기술 시스템에만 적용될 수 있는 것일까? 트리즈는 체계화된 사고 방법이다. 알츠슐러는 만약 시스템적 사고로 대상을 바라보고, 모순을 발견하며, 그 모순을 해결할 수 있고, 특수한 개별적 문제를 일반화된 법칙으로 해결하는 트리즈의 방법론을 훈련한다면, 충분히 다른 영역에서도 창의적인 활동이 가능하다고 주장했다. 그것은 알츠슐러의 비유에 의하면 한 가지 운동을 선택해서 훈련하면 그것이 곧 신체 전반의 강화로 나타나는 것과 같은 이치이다.

트리즈의 비기술 분야에서의 활용 성과는 이미 1980년대 초부터 알려졌다. 비기술 분야, 특히 교육과 경영 및 비즈니스 분야에서 트리즈 활용 성과를 다수 가지고 있는 보리스 즐로틴은 이 분야에 대한 20여 년 간의 성과에 대한 다양한 자료 조사와 연구 분석을 통해 알츠슐러의 말이 결코 허풍이 아니었음을 보여주었다. 즐로틴은 교육, 예술, 의료, 비즈니스, 경영, 사회 시스템 문제 해결 등의 분야에서의 트리즈 적용 사례를 통해, 트리즈의 기본 개념인 이상성, 모순, 시스템적 분석 등은 비기술 분야에서도 충분히 적용될 수 있다는 것을 보여주었다. 또한 트리즈의 분석 도구와 심리적 관성을 제거하는 도구들은 비기술 분야에서 쉽게 적용되거나 응용될 수 있다고 밝혔다. 기술문제해결을 위한 여러 가지 기법들 중 전환이나 분리, 유해한 것을 유용한 것으로 바꾸기 등은 실제로 비기술 분야에서 바로 적용가능하며, 기타 다른 방법들도 분야에 맞게 응용한다면 충분히 적용할 수 있다고 강조했다.

트리즈와 예술 창작

예술 작품 창작과 트리즈는 언뜻 전혀 어울리지 않는 것 같지만, 알츠슐러 자신이 공상과학소설 작가였다. 작가였을 뿐만 아니라, 공상과학소설의 이야기 아이디어가 어떻게 만들어졌으며, 공상과학소설의 창작 메커니즘이 어떻게 이루어지고 있는지를 분석한 연구가이기도 하다. 전 세계 공상과학소설의 고전 수 천권을 분석하여, 아이디어, 가설, 주제, 문제 상황 등을 분류한 일종의 데이터 베이스를 만들었다. 이것을 기초로 아이디어를 만들어내고, 심리적 관성을 극복하며, 유연한 사고를 가질 수 있는 훈련 방법인 '판토그램'을 개발하여 창의적 상상력 개발 프로그램 안에서 교육하기도 했다.

창의적 상상력 개발 프로그램에는 공상과학소설의 아이디어 발상법 외에 심리적 관성을 제거할 수 있는 훈련들, 시스템적 사고 훈련 방법들을 포함하고 있다.

1970년대에서 1980년대에 러시아에서는 스토리 아이디어 발상을 위한 훈련 내용을 포함하여, 실제 공상과학 전문 작가들에게 교육하기도 했다. 이 창의적 상상력 프로그램은 주로 비기술 분야의 대중들을 대상으로 한 창의성 교육 및 아이들의 창의성 교육에 응용되고 있다. 1990년대 이후로는 예술 분야에서의 진화 메커니즘을 연구하는데 트리즈 방법론을 응용하는 연구자들이 등장했다.

트리즈와 창의 교육

트리즈를 이용한 창의 교육 분야는 비기술 분야에서의 트리즈 적용 가운데 가장 중요한 영역으로 자리잡고 있다. 이 분야는 러시아가 가장 앞서나가고 있다. 아이들을 대상으로 한 창의 교육은 이미 1970년대 중반부터 알츠슐러에 의해 시작되었다. 10세~16세의 학생들을 대상으로 세미나와 특별교육 과정을 운영하면서, 트리즈 교육과 함께 다양한 발명 문제에 대한 아이디어들을 만들어냈다. 초기에는 기초 물리-화학 지식을 가지고 있는 중고등학생들 위주의 교육이었다면, 1984년부터는 6~7세의 아동들 대상으로 트리즈의 기본 개념들을 응용한 창의 교육이 이루어졌다.

1990년대 후반부터는 본격적인 창의 교육 시스템으로서 트리즈를 기반으로 하는 교육 프로그램을 개발하여 각 도시에서 운영하였다. 연령별, 주제별, 교과별 교육 프로그램 및 교육 방법론, 평가 방법 등을 트리즈 이론을 기반으로 개발하였으며, 장단기(최대 10년)적으로 초등학교에서 시범적으로 운영하는 등 풍부한 경험이 축적되어 있다.

러시아에서의 창의 교육은 20년이 넘는 역사를 가지고 있으며, 이 시기 동안 축적된 교육 컨텐츠도 다양하다. 트리즈의 기본 개념을 특정 교과 과목에 접목하여 교과목의 학습 성과를 높이는 방향의 교육 프로그램 외에도 취학 전 아동의 상상력과 사고 계발 및 언어 발달 교육, 기술문제중심 교육, 외국어(국어) 학습 방법 등의 교육 프로그램을 개발하여 교육 현장에서 적용하고 있다.

트리즈와 비즈니스

비즈니스는 문제해결 과정의 연속이라 할 수 있다. 문제해결에서는 과제 정의가 가장 중요하다. 만약 제대로 과제를 찾아낸다면 그 해결에 소요되는 비용은 줄어들게 된다. 시스템적 분석을 통해 정확하게 과제를 정의하며, 또한 정확하게 미래성을 판단할 수 있다.

또한 비즈니스는 끊임없는 모순 발생의 과정이라 할 수 있다. 모순을 찾아내고, 해결하는 트리즈의 방법들은 경제적이고 효율적인 해결안을 제공해 준다.

비즈니스는 끊임없는 경쟁의 과정이다. 트리즈는 이상성을 찾고, 자원을 제대로 경제적으로 활용하며, 근본적인 모순 해결을 통해 이 경쟁에서 앞서나갈 수 있는 조건을 제공해 준다.

비즈니스 프로세스에 트리즈를 적용하여 효율적인 결과물을 얻어낸 사례들은 많이 보고되고 있다. 미국의 경우, 트리즈 기반의 기술·경영컨설팅 업체인 GEN3 사는 다수의 글로벌 기업들을 대상으로 한 성공적인 비즈니스 컨설팅 사례를 가지고 있다.

경쟁에서의 승리 전략에 트리즈가 주요한 방법이 될 수 있다는 사례는 비단 비즈니스 영역에서만이 아니라 정치 분야에서도 볼 수 있다. 1990년대 중반 러시아 국회의원 선거와 몰도바 공화국의 대통령 선거에서 트리즈 전문가들이 선거 승리 전략에 큰 역할을 했다고 알려지고 있다.

트리즈와 메디컬

트리즈를 의료 분야에 성공적으로 활용한 사례들도 많이 보고 되고 있다. 기본적으로 트리즈는 시스템적 사고와 시스템적 분석을 통해 근본 원인을 제거하는 방법을 제시한다. 또한 이상성, 즉 스스로 이루어지는 체계를 목표로 한다. 즉, 병의 증상이 아닌 병의 원인을 제거하며, 최대한 우리 몸의 면역 체계를 활용하는 방법을 제안한다.

러시아에서는 암 치료와 복잡한 골절 치료에 트리즈 전문가들이 개발한 장비를 사용하고 있다. 또한 트리즈를 이용하여 혈전을 예방하는 내진용 장비, 소화기 수술에 사용하는 장비 등을 개발하였다.

트리즈와 과학의 문제

트리즈는 새로운 현상의 발견이나 이해되지 못하는 현상을 설명하는 데 유용한 방법을 제공한다. 과학의 문제를 트리즈의 접근 방법을 이용해 해결한 사례는 러시아의 트리즈 전문가 미트로파노프의 사례가 유명하다. 반도체 전문가였던 그는 근본 모순의 규명과 전환 분석, 기술진화법칙, 이상성, 물질-장 분석 등을 과학 기술문제해결에 적합하도록 응용하여 러셀 효과^{Russell effect}의 원인을 밝혀냈다. 이를 바탕으로 새로운 반도체 칩 생산 장비를 개발하여 주목을 받았다. 이후로도 고체물리학 분야에서 여러 가지 이론적 문제를 트리즈 방법을 응용하여 연구하였고, 반도체 생산에서의 불량 원인을 밝혀내는데 일조하였다. 그의 제자들과 다수의 트리즈 전문가들이 이 분야에서 계속적인 연구를 하고 있다.

기술 분야 이외의 다른 인간 활동의 영역에서 트리즈 적용은 각 전문 분야의 특성에 따라 그 방법이 다르게 나타날 수 있다. 이런 분야에 트리즈를 적용하고자 한다면 트리즈의 여러 도구들을 각 분야에 맞도록 변형하거나 응용할 필요가 있으며, 동시에 각 분야의 새로운 지식과 방법, 기법들을 흡수하여 개선해 나가야 한다. 각 분야에서 적합하게 트리즈를 어떻게 응용할것인가가 현재 트리즈 전문가들의 몫이다. 이렇게 트리즈는 고착된 이론이 아니라 계속해서 발전하고 있는 살아있는 시스템이다.

그리고 그 발전의 기본에는 트리즈의 기본적 네 가지 개념, 시스템적 사고, 자원의 활용, 이상성과 이상적 해결안, 모순과 모순의 해결이 자리잡고 있다. 이 개념 위에 트리즈라는 거대한 창의성의 세계가 만들어지고 있는 것이다.

창의성의 기술

초판 1쇄 | 2014년 3월 2일

ⓒ트리즈혁신연구소 2014

지은이 | 송용원 · 강승현 · 겐나디 이바노프 · 김경모
편집 | 김재범
디자인 | 임예진
표지 디자인 | 김진경
펴낸이 | 강완구
펴낸곳 | 써네스트
출판등록 | 2005년 7월 13일 제313-2005-000149호
주　소 | 서울시 마포구 양화로 156, 925호
전　화 | 02-332-9384　　　**팩　스** | 0303-0006-9384
이메일 | sunestbooks@yahoo.co.kr
ISBN 978-89-91958-87-6 (93190)　　　값 12,000원
홈페이지 | www.sunest.co.kr

이 도서의 국립중앙도서관 출판시도서목록(CIP)은 서지정보유통지원시스템 홈페이지(http://seoji. nl.go.kr)와 국가자료공동목록시스템(http://www.nl.go.kr/kolisnet)에서 이용하실 수 있습니다. (CIP제 어번호 : CIP2014005928)